TÁCTICAS de COMANDO para FILMACIÓN DIGITAL

Estrategias y Consejos Creativos

para Tener Éxito en tu Próxima Producción

por

Craig D. Forrest

Publicado por Windsock Press
Traducido al Español por Rhoda Jeter

ISBN: 061550289X
ISBN-13: 978-0615502892

DEDICATORIA

Para Andrew y Anneke, mis queridos, increíbles hijos, que han permitido que Papá esté fuera del hogar, viajando por toda la "Gran Bola Azul".

A Rebecca, la mujer mas bella del mundo...y mi amor. Gracias por realmente amar y confiar en este viajero.

OTRO LIBRO DE CRAIG D. FORREST

The Influence of Alexander Mackendrick
on the Kailyard Film Sub-Genre

CONTENIDO

Reconocimientos i

Introducción iii

La Historia es tu Misión 1

Tener un Plan 17

El Arte de la Entrevista 37

Perdido en la Traducción 58

Dirigir el Tránsito 71

Decisiones, Decisiones 85

Finanzas y Presupuestos 96

Los Que se Mueven y se Agitan 112

Escoger el Equipo Correcto 127

Párate Firme y Filma 142

¡Qué Sea la Luz! 159

Agregar el Sonido 171

Matar a tus Preciosuras 181

Nunca hay Suficiente Tiempo 199

Diferencias Culturales 207

Lo Bueno y Lo Malo 220

En Resumen 227

Reconocimientos

Hay varias personas que quisiera agradecer por su amabilidad, amistad y sentido de humor durante mi carrera profesional en el mundo de televisión y documentales.

No hubiera logrado nada sin el gurú creativo Roger Flessing, que ofreció a este joven de veinte años su primera oportunidad en televisión.

Un jefe magnífico, Don Maynard, me envió a mí, con todas mis fallas, a viajar por el mundo.

El mejor cliente y mejor colega del mundo, Ed Nelson, fue el primero en contratarme y confió que yo pudiera pasar por las aduanas después, con el vídeo, para entregárselo.

Quiero hacer memoria de mi querido amigo y hermano adoptivo ya fallecido, Randy Layson, quien murió antes de poder viajar una vez más conmigo al otro lado del mundo.

Estoy en deuda con el increíblemente ingenioso y muy alto Jimmy Hodson, mi compañero en demasiados vuelos largos, y demasiadas maravillosas aventuras, tantas que no se pueden recordar ni contar.

Quiero agradecer al mejor profesor de cine que un estudiante de mediana edad pudiera tener, Paul Monaco, quien me enseñó de manera experta la evolución y el idioma de la película.

Y, finalmente, al Presidente Honorario de Puerto Rico, el Sr. Escolástico Mangual, quien constantemente suplicaba a su yerno que lo escribiera. Ya no me tienes que preguntar, –¿Cómo sigue el libro?

Introducción

Este libro empezó como un artículo corto. Titulado *7 Tácticas de Comando para la Producción Exitosa de Televisión y Vídeo en el Extranjero*, aquel artículo, de dos mil palabras, fue escrito originalmente para *NRB Magazine* en marzo de 2003. Este libro representa un gran paso adelante desde aquel breve, sencillo artículo.

Al escribir este libro he querido conversar con el lector como un buen amigo, aunque tal vez no nos conozcamos. Por eso decidí tutearte, en vez de hablar de una manera más formal. Así reflejamos mejor el espíritu de un equipo de filmación.

En el transcurso de los años, muchos otros principios claves del proceso total de filmación digital, desde la preparación hasta la posproducción, empezaron a tomar forma en mi mente inquieta. Empecé a anotar ideas, conceptos, anécdotas, casos específicos, consejos y citas que podrían ser de ayuda para alguien que produjera o filmara documentales, vídeos o películas.

No importa tu nivel de conocimiento especializado – novato o profesional – este libro práctico pretende desafiarte, informarte e inspirarte. Ya sea que estés filmando en tu propia ciudad o al otro lado del mundo, hay ciertos principios básicos y fundamentales que toda producción tiene que abordar. En este libro yo hago frente a decenas de estos elementos de proyectos, desde la historia hasta el master final.

El concepto visual que utilicé en mi primer artículo hace años, y que sigo usando, se refiere a un equipo de comando enviado para llevar a cabo una importante misión. Me parece una analogía digna de emplear y considerar. Porque un equipo militar de tácticas especiales, y un equipo de filmación o televisión, tienen muchas cosas en común.

En primer lugar, antes de que un grupo de comando pueda invadir un país o aterrizar en el techo de un palacio, tiene que conocer su misión. Además, hay muchos elementos distintos que son críticos para el éxito del equipo: planificación, apoyo, información, dirección, finanzas, comunicación, transporte, horarios, metas, personal, equipo, logística, trabajo colaborativo y flexibilidad. Tal como es con una filmación de un vídeo o documental, todos estos elementos específicos tienen que funcionar juntos en coordinación, y necesitan engranarse, como una maquina bien engrasada, para cumplir lo que es la meta final.

Cabe aclarar que *Tácticas de Comando para Filmación Digital* trata mayormente de la producción de la noficción con una sola cámara. Tal tipo de producción requiere el estilo, el formato y el género que yo mejor conozco y sé hacer. Pero los elementos de contar historias, de administrar el tiempo, de elegir el equipo correcto de camarógrafos y de tomar decisiones también funcionan de igual manera para una película independiente, una filmación con múltiples cámaras o un vídeo dramático.

En los siguientes capítulos, ofrezco una variedad de observaciones perspicaces y valiosas, como un manual de trabajo, con estrategias, tácticas y consejos para asegurar el éxito de tu próxima filmación digital. Lo que he aprendido, y ahora comparto, se basa en conocimientos e instintos ganados en medio de la lucha, todos desarrollados a raíz de éxitos y fracasos, después de años de viajar extensamente y trabajar para clientes y grupos alrededor del mundo. Por favor toma en cuenta que lo que ha funcionado para mí en otro país, puede ser igual de relevante, y útil para ti en tu localidad. Los principios básicos de producción no tienen límites geográficos.

Lo que realmente espero que ganes de las siguientes páginas es una comprensión práctica de varias maneras de montar tu próxima filmación más eficiente y eficazmente. Las sugerencias de parte de filmadores reconocidos, talento creativo y colegas míos, al final de cada capítulo, valen oro por si mismos. Y quiero que sepas, que las numerosas historias personales y profesionales, que relato aquí, sirven simplemente para ofrecer visión y perspectiva valiosas, sobre el tema específico de cada capítulo o sección.

Pues, ahí vamos. ¿Preparados y listos? ¡Manos a la obra!

- Craig D. Forrest

CAPÍTULO 1: LA HISTORIA

La Historia es tu Misión

•

–Si les cuentas una historia cautivante, se quedarán a verla.

- *Christiane Amanpour*

(Corresponsal de CNN en el extranjero)

Christianne Amanpour, una muy respetada periodista actual, sin duda sabe lo que hace. Ella es tal vez la corresponsal internacional de noticias más respetada y más reconocida del mundo. Dondequiera que haya habido conflicto, problemas o novedad, ella casi siempre ha estado. Bosnia. Afganistán. Iraq. Israel. Irán. Más que cualquier otro en su profesión, ella sabe darle vida a un reportaje, conseguir las entrevistas claves, tanto sencillas como importantes, y luego entregar el producto, por entrega inmediata, en vivo, y desde la escena.

Sus comentarios concisos son claros y valiosos. Si uno relata una historia a viva fuerza, la audiencia querrá verla. No importa si el medio de transmisión sea película, televisión, documental, vídeo o internet, la gente la va a ver. En las clases de película aprendimos, como tal vez ustedes se acuerden, que una historia se llama la narración. El relato en si, el medio y los métodos que se usan para comunicar la historia, todo eso es lo que se llama narración.

La historia, y la forma en que se relata, son de igual importancia. Pero una buena historia, que no se relata, se quedará muda hasta que sea descubierta y compartida. El buen relato de una historia débil se sentirá hueco, no importa cual sea su presentación. Pero si uno comienza con una historia interesante y encantadora, el relato de ella (la presentación tanto de lo visual como del audio) será más fácil. Al combinar los dos, la historia y la forma de contarla, en película, televisión o vídeo, uno ha capturado, por decirlo así, un relámpago en una botella.

Encontrar aquella historia, enfocarse en sus varios aspectos, fortalezas, detalles y matices, es el reto más grande para cualquier productor o cineasta, no importa su nivel de destreza o habilidad.

Hace años, trabajé con una productora novata que no tenía casi nada de experiencia con televisión, pero había descubierto una historia aterradora acerca de la tendencia alarmante de suicidio entre niños. La productora se unió con alguien que tenía conexiones valiosas y además poseía bastante talento. Trabajaron juntos y la historia estremecedora de niños que se mataban a si mismos fue finalmente producida como una nota investigativa por PBS (canal público de televisión en los Estados Unidos). La productora novata, a pesar de su falta de experiencia, ganó un premio Emmy con aquel primer proyecto suyo. No hay nada de malo en eso y la persistencia de ella, al divulgar tan importante problemática social, debería ser, y fue, reconocida. Su historia superó su habilidad. ¡Qué bien!

Investiga bien tu historia, relátala bien, y la gente será transformada, conmovida, inspirada, informada, o estimulada. Quizá lloren, se rían, se instruyan o se enojen. Siempre deben reaccionar. Por otro lado, si te equivocas con la historia, todos los trucos de edición, las excelentes movidas de cámara y las múltiples refundiciones, probablemente no te salvarán.

Tu historia es tu misión. Todo lo demás son detalles en el camino.

El guionista premiado, William Goldman, resume expertamente el proceso del relato de la historia en *Aventuras en el Negocio de la Pantalla*, su gran libro acerca de la producción de películas de Hollywood. En un capítulo, Goldman hace la pregunta fundamental, –¿De qué se trata su historia? Luego, después de meditar sobre su respuesta, el autor sugiere que uno se haga una importante pregunta de seguimiento, –¿De qué se trata, en realidad, la historia?

Esa segunda pregunta es crítica, porque debajo de la superficie, más profundo que los elementos aparentemente obvios de tu historia básica, hay temáticas mas básicas. Esos intangibles esenciales muchas veces resultan ser el núcleo del tema. O pueden ser hilos importantes que, al ser entretejidos, formarán el diseño de tu historia. Para nuestros propósitos, esa dinámica de lo que realmente se trata la historia, va a impregnar todas las formas de medios visuales, sean reportajes sencillos, una gran película, un filme independiente, un noticiero, o un documental extenso.

¿Cuál es tu historia? Bien. Pero, ¿de qué se trata realmente tu historia?

Las historias vienen en muchas formas y tallas diferentes. No hay dos exactamente iguales. Tu historia podría ser una de heroísmo, una biografía, una de deportes, de las tensiones en las fábricas, de la cultura, de la naturaleza o la ciencia, de animales silvestres, de periodismo investigativo, intriga política, o turismo en un destino lejano...o millones de otros temas. Pero al profundizar un poco en el tema que tú estás investigando, habrá casi siempre un sentido más significativo.

Descubre cual será la narración. Enfócate en lo central de la historia, aún en las historias de trasfondo, y no te vas a equivocar. Relata bien la historia y la audiencia la seguirá.

En el proceso, recuerda este elemento esencial: **Los hechos llegan a la mente, pero las emociones llegan al corazón.** La gente se acuerda de las emociones, mucho después de haberse desvanecido los hechos o la información.

Debo aclarar que este libro se enfoca en el proceso de contar una historia no ficticia. (Aunque contiene consejos y tácticas que pueden funcionar con éxito para relatos ficticios también). En realidad, tengo muy poca experiencia con la narración de ficción, aparte de unas cuantas viñetas dramáticas que he dirigido, y algunos promos para actores y talleres sobre la improvisación, los cuales he filmado. Mi trasfondo ha sido en televisión, vídeo y documentales.

Con la ficción, casi siempre se requiere un guión por escrito antes de empezar la producción física. Ese proceso largo y laborioso de escribir guiones, al inicio, es donde la narración se va formando, se trabaja y se refina – todo antes de comenzar a grabar (ojalá). Un guión de película es un plano o bosquejo del cual trabajan todos los que están en frente de las cámaras(los actores) o tras bambalinas (productores, director, diseñadores, equipo y personal). Más precisamente, en la ficción, son el director y los actores quienes relatan la historia, con la ayuda de diseñadores, estilistas, directores de fotografía, y todos los expertos en efectos especiales que llegan con sus maletines mágicos de trucos.

Por el contrario, uno se puede lanzar a relatar noficción, aunque sea temporalmente, sin un guión. Noticias, por ejemplo, se basan frecuentemente en los eventos que están ocurriendo en vivo; incendios, terremotos, discursos políticos, y mucho mas. La historia se va formando por los eventos del momento y lo cuentan los testigos, los reporteros, los presentadores y las imágenes. Los deportes también son eventos en vivo. La historia va en desarrollo, al jugarse el partido, y el resultado final no se conoce hasta el último momento. Los deportes se tratan de lo que capta la cámara y la producción, apoyado por los comentarios de locutores bien informados.

Pero la mayoría de los otros géneros de historias de noficción tienen su base en los documentales. La noficción empieza con la chispa de una idea, una premisa, o un elemento de una historia. La narración se desenvuelve y se va desarrollando al entrar otros participantes con sus versiones de esa historia. ¿Hay un guión? Sí, pero a veces aparece en el medio o al final de la producción. Las entrevistas hechas sobre la marcha van agregando detalles y van guiando la historia en nuevas direcciones. Los productores, el director y el escritor eligen lo que creen que son los elementos más importantes y prometedores. Cuando se dispone de más metraje, la historia cambia con la potencia y los detalles de aquellos visuales. El guión refleja esos nuevos elementos y cambios.

Como veremos, una lista de tomas es una manera excelente de empezar la producción, mientras que el guión se esté "cuajando". En mi experiencia, sin embargo, es asombroso cuantos equipos de producción recorren la ciudad o el mundo para filmar un proyecto sin ni siquiera una lista de tomas.

Muchas filmaciones de documentales empiezan a menudo con ideas borrosas, basadas en un proyecto indefinido, un evento o un deseo. Pero si no conoces bien el proyecto o no entiendes como el evento se va a convertir en una película, vídeo o programa de televisión atractiva, vas a estar en problemas. Y todos los trucos de edición que existan no te van a salvar. Hacer las cosas improvisadamente rara vez produce resultados.

Hay que aferrarse a lo esencial de la historia.

Una de las primeras cosas que hago, antes de recoger mi equipo y salir al aeropuerto, es averiguar la historia. Si estoy filmando para un cliente con su propia historia, mi pregunta para él es: ¿Qué es lo más importante? Descríbeme los elementos esenciales que no debo omitir. Muchas veces las respuestas que me dan al inicio empiezan a generar una lista de cuatro o cinco puntos clave, un excelente punto de partida. Seguir la pista de tu historia, hacer el trabajo debido de explorar todo elemento potencial, es la marca de un buen cineasta.

Hace poco murió un gran productor de televisión, Donald Hewitt, a la edad de 86 años. El fue el director ejecutivo legendario de la muy conocida revista televisiva, *60 minutos*. El núcleo de lo que Hewitt creía firmemente era que lo esencial de una entrevista fuerte, un reportaje investigativo y exhaustivo o un simple relato caprichoso, se podía resumir en tres palabras críticas:

Cuéntame Una Historia. Eso es. Cuéntame una historia. Todo lo demás son detalles. Hewitt tenía razón.

Es por eso que *60 Minutos* sigue siendo uno de mis programas favoritos. La serie sigue con éxito por más de 40 años porque su equipo dedicado de ejecutivos, reporteros, productores, camarógrafos y editores saben contar bien las historias interesantes. Sin trucos, ni siquiera disolvencias, gráficos elegantes ni supers. Solo grandes historias acerca de personas, eventos o noticias cautivantes. "La razón de ser" de *60 Minutos* es contar historias. Una entrevista emboscada con un estafador. Perfiles de personas valientes. Entrevistas con personas interesantes que hacen noticia. Viajes a países lejanos. El resultado de todo es excelente periodismo irresistible que tiene como base una historia.

Contar bien una buena historia es la columna inmóvil de la noficción.

SENEGAL, ÁFRICA OCCIDENTAL

En mi próximo libro, *Tren Nocturno a Cairo,* dedico un capítulo entero a mi primer viaje al continente africano en los años 80. Mi jefe, Donald, y yo, representábamos un grupo reconocido sin fines de lucro que proporcionaba ayuda humanitaria alrededor del mundo.

El proyecto que Donald y yo teníamos que filmar era un vídeo para levantar fondos, con un orador inspirador que llamaré el Dr. Tony. El Dr. Tony, acompañado de dos ejecutivos de mercadeo, nos iba a encontrar en Senegal, en África occidental. Nuestro pequeño equipo había viajado varios días antes, a la ciudad capital de Dakar, para preparar equipos y adaptarnos a los nuevos climas y zonas horarias.

Aunque todos teníamos intenciones buenas y nobles, había algunos impedimentos que pronosticaban un destino amargo desde el principio.

En primer lugar, no había guión, ni plan, ni siquiera una lista de tomas. La filmación dependía de las habilidades del Dr. Tony, quien había dedicado una semana de su horario repleto, para nuestro cliente. Nuestro encargo, nos dijeron en las reuniones preparatorias, era llegar al sitio en Senegal y dejar que "Tony fuera Tony". El papel de nuestro huésped era caminar por las áreas de la aparente hambruna, que afectaba a muchos pobladores senegaleses, y luego volver su mirada hacia el lente de la cámara, y expresar lo que sentía. ¡Strike número uno!

En segundo lugar, estábamos dependiendo demasiado de los africanos locales, para encontrar esas historias tangibles de desnutrición y hambre, al borde del desolado Río Senegal más al norte, en la frontera con el país remoto y xenófobo de Mauritania. Las historias de devastación realmente no existían, o mejor dicho no teníamos ni el tiempo ni la energía para explorarlas en los dos días de producción que nos asignaron. Nuestro equipo debería haber buscado y profundizado más los elementos de las historias, pero no fue así. Eso resultó ser una falla clave del proyecto. ¡Strike numero dos!

Finalmente, los papeles o funciones específicas de cada uno no habían sido definidos en los Estados Unidos, antes de viajar. En el campo de África, semanas mas tarde, a Donald le pidieron que dirigiera el talento (incluyendo al Dr. Tony) y la gente del pueblo, y así guiara y organizara toda la filmación. Pero el había pensado, desde el principio, que solo iba a ser camarógrafo. Como equipo, creíamos que los ejecutivos, todos con experiencia en levantar fondos, estaban allí para contribuir los elementos creativos del proyecto. ¡Strike número tres!

Tomando en cuenta todo el tiempo que perdimos viajando, el dinero que se gastó en boletos de avión, en hoteles, comidas, transporte, equipo, seguros, aduana y otros gastos, lo que resultó fue solo medio día de filmación, en un remoto lugar polvoriento y olvidado. El Dr. Tony hizo un excelente trabajo extemporáneo, y realmente no se le puede culpar a nadie. Pero la filmación fue improvisada, faltaba empatía en las tomas, y el resultado deseado, de un producto de alta motivación para levantar fondos, carecía de dinámica para generar una respuesta compasiva y activa de parte de la audiencia. Los vídeo cassettes de nuestro viaje a Senegal se quedaron en un estante de la agencia por muchos años.

Desafortunadamente, uno puede aprender tanto de los fracasos como de los éxitos. Los factores que indican como NO se debe hacer la filmación o la historia, quedan grabados en la memoria, los cuales nos conducen mas tarde a mejorar nuestras normas y tácticas. Yo aprendí mucho de esa primera expedición en el continente africano. Incluso, décadas después, puedo recordar lo que funcionó y lo que no funcionó, y lo que aprendimos.

En Senegal, debiéramos haber investigado bien el tema, con preguntas acerca de la hambruna, a quienes afectaba, y cuales eran las circunstancias actuales de la gente en ese momento y en ese lugar. ¿Se estaba muriendo la gente de hambre? ¿Cuántos? ¿Cuáles eran las causas subyacentes? ¿A quién podíamos entrevistar en vivo? ¿Cuántos días había o se necesitaba, en el campo, para lograr todo aquello? ¿Cuál seria nuestro estilo de filmación? ¿Dónde estaba la lista de tomas? ¿Cómo íbamos a coordinar todo? ¿Cuáles eran los papeles o funciones del equipo de producción? ¿Qué esperábamos del Dr. Tony? ¿Y cómo le podíamos ayudar a mirar hacia la cámara, con un niño hambriento en sus brazos, y luego pedir a los videntes que les ayudaran a los otros como el?

Todas estas preguntas deberían haberse contestado en los EEUU, antes de salir para el aeropuerto. Después de aterrizar en Senegal, una consulta acerca del guión también hubiera ayudado. Pero aquellos fragmentos desconectados del proyecto parecían ser varios hilos separados que no logramos entretejer.

Conoce bien tu historia. Y asegúrate que sea la mejor posible. Un buen estilo nunca debe reemplazar o sustituir una historia irresistible que atrae, fascina y cautiva a tu audiencia.

Tu historia es la piedra del ángulo sobre la cual edificarás tu fundamento (proyecto).

•

EN RESUMEN

1. Es posible que encuentres muchas historias en el camino. O descubras que hay varias versiones de la misma historia. Escoge la historia que realmente merece ser contada, la que realmente fascinará a la audiencia por el carácter de la misma.

2. Deja que las imágenes cuenten más de la historia que lo que cuentan las palabras.

3. Asegúrate que los detalles sean correctos. Investígalos, verifícalos. Se diligente.

4. Cuando alguien te esté entregando "joyas" inesperadas, durante la entrevista en cámara, sigue grabando. Es posible que adonde aquellos detalles te lleven encontrarás muchas mas posibilidades de las que tenía la historia con la cual empezaste.

•

MOSTRAR Y CONTAR

Una actividad favorita, de los pequeños escolares en los Estados Unidos, se llama "Show and Tell" (mostrar y contar). Este principio sencillo se puede aplicar al proceso de formular la historia no ficticia que uno va a contar. Antes de empezar el proyecto – o mientras estés filmando una historia que ya está en curso – anota en un papelito (o en la computadora) dos listas, una al lado de la otra. La lista de la izquierda se llamará mostrar, la de la derecha, contar.

Ahora, anota todos los visuales posibles que deseas captar para un segmento o para la historia en su totalidad. Apunta todo lo que se te ocurre que podría mostrar tu historia: tomas de archivo, tomas de apoyo, entrevistas, dramatizaciones, fotos, vídeos caseros, tomas en un set o estudio, gráficos. Cualquier elemento pictórico que seria apropiado para el tema y la historia, apúntalo, en la lista mostrar.

Luego, en el lado derecho, el lado de contar, haz una lista de los puntos clave que el guión, o la narración o las entrevistas estarán tratando. Apúntalo todo, incluyendo importantes temas, datos, información, elementos de la historia, anécdotas y puntos que el guión deberá incluir.

Películas, televisión y vídeo son medios visuales, y por lo tanto, cuando termines, el lado *mostrar* debe exceder el lado *contar*. Por el contrario, si el guión va cargado de información y datos, o la pieza parece ser una entrevista tras otra, sin suficientes tomas de apoyo, quiere decir que las palabras (el contar) están dominando los visuales (el mostrar).

En su mayoría, los directores organizan todos los mejores y más memorables segmentos de entrevistas (SB's) en un orden apropiado basado en los temas principales. Tal estrategia puede funcionar, pero muchas veces el programa se queda limitado por los SB's y hay presión para meter esos clips solo porque son excelentes y útiles.

En cambio, debes empezar con los mejores visuales primero. Deja que las imágenes guíen el proyecto. Palabras y buenas citas de las entrevistas son importantes y necesarias. Pero, como ya se mencionó, la gente recuerda las imágenes mucho después de haber olvidado las palabras. *Las imágenes son potentes.* Úsalas. Deja que dirijan y que influencien tu segmento o tu historia.

MUÉSTRAME muy a menudo. CUÉNTAME de vez en cuando.

TÁCTICAS SOBRE CONTAR HISTORIAS DE LOS PROFESIONALES

–La película es un medio visual – las imágenes deben contar la historia. Yo creo que se debería poder comprender por lo menos 60 o 70 por ciento de una película extranjera, sin los subtítulos.

- Alexander Mackendrick, director

–Las emociones, mucho más que los hechos, motivan a la gente a la acción.

- Steve Taylor, Digital Espátula

–Las historias conmueven a la gente...pero es la verdad lo que cambia a la gente.

- Paul Louis Cole, Compás Directo

–Dame el contexto. Cuando estés filmando una actividad, incluye suficiente vídeo del medio ambiente para mostrar por qué es relevante o importante aquella actividad.

–Recuerda los interrogantes...Quién, Qué, Por qué, Cuándo, Dónde. Sé sensible a los elementos de la historia que tendrán el mayor impacto y trata de captarlos en vídeo.

- Stan Jeter, CBN News

–Sé sincero y relata una buena historia. Y todo lo demás se arregla por su cuenta.

- Mark Horvath, Invisiblepeople.tv

–Hace años en NBC News tuve un jefe que siempre decía que todo lo que hacíamos debía incluir el factor de "la cafetera". Era un requisito que algo en la historia tuviera el momento "wow" que estimulara una conversación en la oficina alrededor de la cafetera. Alguna manera diferente de enfocar un tema, algún dato nuevo, algo....o si no, la historia solo estaría ocupando tiempo.

- Martha Cotton, Plymouth Rock Estudios

–Sigue hasta donde tu curiosidad te lleve.

- Michael Phillips, periódico Chicago Tribune

–Sigue tu corazón es mi único consejo.

- Fernando Fonseca, diseñador de sonido

–Lo que les digo a los que desean hacer documentales es que dejen de hablar del proceso de producción y que empiecen a filmar. Filma algo que tiene significado para ti, que hace resaltar tu habilidad y tu originalidad, y que permitirá que otros se sumerjan en tu visión. No tiene que ser una gran película; el costo de tal sería demasiado para un productor principiante.

–Pero mientras esperes que te asignen esas primeras misiones tan importantes, ¿por qué no creas algo que podría ampliar tus posibilidades? Me he encontrado con filmadores, editores y guionistas que no tienen experiencia en el tema del momento, pero cuyo trabajo en general atrae mi atención, y mas importante, mi imaginación.

- Burt Kempner, escritor/productor

–El camino correcto hacia una comprensión del mundo se logra al examinar nuestras ideas erróneas de él.

- Errol Morris, director (The Thin Blue Line)

–Encuentra y utiliza bien los puentes en la historia. Haz que el documental le lleve al vidente en un viaje y asegúrate que haya inicio, desarrollo, y conclusión.

–Utiliza bien el conflicto. Un gran narrador de historias me dijo una vez que las historias mas intrigantes suelen consistir de una formula sencilla: el bueno, el malo y la lucha entre los dos.

–Deja que los personajes hablen por si mismos. Un documental no es un editorial para un noticiero, así que la participación del narrador "omnisciente" debe ser limitada o eliminada.

–Tomas de apoyo, tomas de apoyo y más tomas de apoyo. Graba suficiente vídeo para cubrir la edición de las declaraciones (sound bites), y para usar en las transiciones, para ayudar a relatar tu historia visualmente. Un grupo de cabezas hablando puede resultar bastante aburrido. Siempre recuerda, MOSTRAR EN VEZ DE CONTAR.

- Gregory Branch, productor periodista

–Debes tomar en cuenta que tu PUNTO DE VISTA es único y diferente y puede marcar diferencia. Luego, produce esa película diferente. Y cuando sea posible, graba escenas irresistibles. Es lo mismo que filmar ficción en el sentido que aquellos "momentos", en el relato de la historia, son esenciales para atraer a los videntes, y resulta mucho mejor que solo usar palabras.

- Beverly Peterson, productora de documentales

–A veces te encontrarás con alguien que realmente sabe relatar historias. No importa donde, no importa cuando. Sé receptivo a una buena historia y a un buen narrador de historias. Uno nunca sabe como le servirá - todo puede ser material útil.

- Alan Lloyd, camarógrafo de luces

–En mi experiencia como editora veterana y premiada, he visto demasiados productores independientes (es decir, autofinanciados y novatos) que filman y filman y filman, sin pensar mucho en la historia mas allá de la idea inicial.

–He respondido a tal situación en mis talleres, en los cuales discutimos el tema a fondo y ha sido de mucha ayuda para mis estudiantes.

–Hablamos de ¿QUÉ realmente quiero decir o explorar con mi película?

–Nos preguntamos, ¿CÓMO quiero decirlo?

–¿QUÉ quiero decir? Lo cual es de igual importancia que,

–¿A QUIÉN quiero decirlo?

–Porque el "a quién" afecta en gran manera lo que uno hace, las decisiones que uno toma. Claro que uno puede entrevistar a veinticinco personas acerca de su opinión de "la comida basura", o puede filmarse a si mismo comiendo comida basura durante un mes. El CÓMO es a veces la parte más intrigante en la creación de un documental.

–También identificamos los aspectos diferentes y los temas más amplios que surgen en nuestra historia, porque en realidad, mis documentales favoritos son siempre los "Caballos de Troya" que ocultan polémicas y cuestiones de mayor importancia, en las cuales yo no sabía que me iba a meter al inicio. Eso es el verdadero obsequio que puedes dar a la audiencia. Entonces, ¿por qué no empezar a pensar en eso antes de terminar la filmación, para poder tener ya ese material cuando llegues a editar?

–El proceso ha sido de mucho provecho para mis estudiantes, tanto en el resultado de sus películas finalizadas, como en el aspecto de ahorrar dinero, porque filmaron lo que encajaba con lo que querían decir, y como lo querían decir.

- Stephanie Hubbard, editor/ productora de filme y televisión

–Me encanta lo que dice Ira Glass, y es que uno no siempre debe aceptar la primera idea, sino, al contrario, a veces tendrá que descartar ideas de historias bastante buenas, para conseguir algo que realmente vale la pena. También sugiere que uno trabaje fuerte en el proceso, pues parte de refinar sus gustos, y mejorar personalmente, es poder dejar a un lado lo que no funciona o no sea lo mejor.

- Suzanne LaGrande, productora

–Mi consejo es este: no menosprecies la *estructura* al relatar la historia. Invertir mucho tiempo en analizar la estructura de la historia que esperas contar, mientras que estés planificando y luego filmando, ayudará muchísimo en la sala de edición. La estructura que se ha planificado puede (y a veces debe) cambiar en el proceso de captar las imágenes, pero cuando tengas que luchar con mas de cincuenta horas de tomas, parecerá (y con mucha razón) ser una tarea casi imposible, si no hay un plan.

–Si inviertes suficiente tiempo en estructurar el esqueleto de la historia que vas a contar, te prepararás mentalmente para encontrar la "carne" apropiada para agregarles a esos "huesos".

–La historia se desenvolverá en maneras que uno no hubiera pensado (los personajes y los eventos contribuirán al proceso), pero como el narrador, tu necesitas saber como vas a estructurar la historia para mantenerte en el camino correcto. Es algo que simplificará tu tarea y te ayudará a resguardar tu cordura para el largo proceso que tienes por delante.

- Steve Kearney, Advanced Staging Solutions

–Cuando se termine la película, ¿cómo quieres entregarlo a público? ¿En televisión o en festivales de películas? Siendo yo un director de tales festivales y habiendo visto cantidades de excelentes documentales, puedo decir lo siguiente: no dejes que pase de 60 minutos. Yo sé que es difícil a veces y hay mucho que decir que el mundo debe saber, pero desafortunadamente, mas corto es mejor.

- Frank Galterio, Kent Film Festival

–1. ¡HISTORIA, HISTORIA, HISTORIA! La historia es el requisito esencial del documental, si va a ser de interés para una audiencia general.

–2. Un protagonista con quien los videntes se puedan identificar. El protagonista aun puede ser el mismo productor de la película.

–3. ¡Locaciones! Filma en lugares interesantes, singulares, y deja saber a los videntes donde toma lugar la película.

–4. Usa bastante voz en 'off' mientras muestres gráficos, escenas... ¡trata de eliminar esas aburridas cabezas que hablan!

–5. Añade sonido ambiental a la pista de sonido.

–6. Mantén el color, la luz y el sonido parejos en todas las tomas, cuando sea posible.

–7. Debes tener los Actos I, II, III, con un buen clímax memorable.

–8. Imagina que estás haciendo una película narrativa ficticia.

–9. Escoge un tema que sea de interés para una audiencia amplia.

–10. Edita y corta rigurosamente. Hágalo lo mas corto posible.

- Elizabeth English, Moondance International Film Festival

–No te encariñes demasiado de tu material. He visto múltiples documentales maravillosos cuyos defectos fueron resultado de un productor que insistió en usar sus muy preciadas escenas, tomas o personajes aunque no se precisaban para la historia.

–Defectos de producción se pueden perdonar o pasar por alto, si relatas una excelente historia que tiene un tema fuerte y que termina cuando debe terminar. Los cortometrajes le dan al cineasta novato práctica en hacer esto. Es mucho más difícil escribir una historia corta que una larga. El formato "escaso" te obliga a enfocar en lo esencial de la historia, y lo que no sea clave se elimina.

- Sarah Kass, guionista independiente

–Parece muy sencillo, pero es crítico que haya un inicio, un intermedio y una conclución. Inicia cada idea, apoya cada idea y termina cada idea. Usa conflicto. Relata tu historia. Hablando de historia, asegúrate que existe una. Si quieres hacer una película acerca de algo, tienes que asegúrate que la gente realmente se pueda identificar con la historia.

- Jeff Toback, productor, MLB.com

–Cuando creo que he terminado mi documental, pido a personas que no lo han visto que lo vean, y después les pregunto que tan largo les pareció. Si me dan un tiempo más corto de lo que realmente es, me siento satisfecho. Si me dicen que les pareció mas largo de lo que realmente es, sé que necesita mas trabajo.

- Alan Lloyd, camarógrafo de luces

–Hemos olvidado como contar una historia. Las historias ya no tienen ni una parte media ni una conclusión. Suelen tener un inicio que nunca deja de iniciar.

- Steven Spielberg, director

REPASO DEL CAPÍTULO 1: LA HISTORIA

1. Cuéntame una historia.
2. Si relatas una historia intrigante, todos lo querrán ver.
3. ¿De qué se trata tu historia? En verdad, ¿DE QUÉ se trata?
4. Tu historia es tu misión. Todo lo demás son los detalles en el camino.
5. Los hechos llegan a la mente, pero las emociones llegan directo al corazón.
6. Contar una buena historia es la columna inmóvil de la noficción.
7. Tu historia es la piedra del ángulo sobre el cual edificarás tu fundamento.
8. MUÉSTRAME muy a menudo. CUÉNTAME de vez en cuando.

CAPÍTULO 2: PLANIFICAR

Tener un Plan

•

–Una meta sin un plan es solo un deseo.

- Antoine de Saint Exupery

Escritor y aviador frances

Un equipo de producción sin un plan organizador esta destinado a ser un grupo muy desorganizado.

Sin un plan, uno va rumbo al fracaso.

Y es cierto para el proyecto también, desde la preparación hasta la producción, y de allí hasta el final de la posproducción. Tienes que formular un plan. Toma en cuenta que el plan podrá ser, y será, cambiado constantemente, y hay que anticipar que habrá ajustes y desviaciones sobre la marcha. No importa que tipo de proyecto sea, si los requisitos de la filmación incluyen algo más que una sencilla entrevista de una hora, con cámara y micrófono, uno necesita organizarse.

No tener un plan es como salir de viaje sin trazar la ruta. Es inevitable que, tarde o temprano, uno se va a perder y va a enfrentar dificultades al doblar la próxima esquina. Puedes contar con eso. Con un mapa de la ruta en la mano, uno posee un sentido interior de las instrucciones, la información y las opciones que tiene a su disposición. Por donde seguir, cuales caminos tomar, y como determinar cuando y donde se van a hacer paradas en el camino, depende totalmente de ti, el conductor, y los 'pasajeros' solo te acompañarán.

Para la preparación, investigación, comunicación, tomas, entrevistas, metraje y edición del proyecto, necesitas un plan, algún tipo de "mapa" y un cronograma confiable.

Crear un plan muchas veces incluirá bastantes variables que dependerán de la naturaleza del medio, la filmación y el proyecto. Un vistazo "tras bambalinas" de un equipo de alpinistas ciegos, intentando escalar el Monte Everest, se manejará de una manera mucho más distinta que una investigación para sacar a la luz la corrupción interna de los pícaros operadores de bolsa en Wall Street. La historia del último sobreviviente de la primera guerra mundial no se parecerá en nada al vídeo de la reciente gira de una nueva banda de rock. Estos distintos proyectos e historias representan diferentes categorías particulares. Aunque son ideales para película o vídeo, requieren diferentes enfoques y estilos y de filmación.

Pero lo que si tienen en común es la necesidad de estar bien organizados.

Básicamente, crear un plan es identificar el género de película, hacer la investigación necesaria, consultar con tu equipo, hablar con otros contactos, vendedores o recursos importantes, y luego organizarlo todo para que tenga sentido práctico. Improvisar sobre la marcha no va a ganarte la aprobación de nadie, y se desperdiciarán valioso tiempo, esfuerzo y finanzas.

Sin duda, crear un plan que funcione, es una combinación de inteligencia, experiencia, investigación, intuición, retroalimentación, información, observación y la habilidad de escuchar a otros. Como una estrategia militar, uno espera y planifica lo mejor que puede, pero también se prepara para los posibles desastres inesperados. En mi caso, muchos de mis proyectos han tomado lugar en otros países. Al añadir a la mezcla lugares lejanos, singulares y exóticos, culturas y lenguajes extranjeros, clima imprevisible y horarios diferentes, los desafíos se van multiplicando. He dicho que hacer una producción internacional es dos veces más difícil que hacerla en la ciudad o país de uno, porque siempre estará luchando con el ambiente extranjero, la gente y los contactos desconocidos, además de las expectativas particulares culturales de horarios, transporte y productividad.

Al crear un plan funcional, el primer requisito es conocer bien los elementos de la historia, por lo menos, lo que se puede conocer desde el principio. Esto generalmente significa identificar las varias personas que hay que contactar, incluyendo gerentes, miembros del equipo y el talento. Averigua cuales son los sujetos para las entrevistas, el metraje que se debe filmar, los montajes y locaciones necesarios. Si hay que conseguir un estudio, averiguar los costos y la disponibilidad requiere llamadas, búsquedas por internet, visitas personales o correos electrónicos, y todo se debe hacer de manera expedita.

Cuando vas a filmar en el campo, investiga todo lo posible acerca de las locaciones (y los países), y luego crea la logística basada en el transporte, los horarios y el clima. Averigua cuando la gente clave estará o no estará disponible en la locación o si estará acompañando al equipo en sus viajes.

Tu proyecto podría ser una mezcla de filmar en un estudio y en el campo. Calcula el tiempo en el estudio, y los días en la locación para ambos sitios. Analízalos, agéndalos, cotiza los gastos, prepara todo.

Usa cualquier cosa que te puede ayudar productiva y eficazmente en el proceso, lo cual podría incluir software para hacer agendas, calendarios, cuadernos, spreadsheets de Excel, o pizarras blancas para organizar la filmación y los horarios. Si te ayuda a mantenerte organizado, mientras también permitir la flexibilidad para hacer cambios, utilízalo.

Organízate.

•

LAS FILIPINAS

Aunque ocurrió décadas atrás, todavía recuerdo claramente mi primer proyecto de filmación en el extranjero. El trabajo fue una gran experiencia de aprendizaje, un documental corto producido para un grupo humanitario de California llamado OMC, con el cual yo trabajaba en ese entonces.

El trabajo de OMC abarcaba unos proyectos que se realizaban mayormente en las islas Filipinas. Se hacía trabajo con los grupos tribales, el desarrollo de cooperativas, agricultura, pesca y navegación, y una variedad de otros esfuerzos benéficos.

Como toda pequeña agencia sin fines de lucro, nuestro grupo luchaba constantemente con la necesidad de promoverse y levantar fondos. La idea, de la oficina en los Estados Unidos, era mandar un equipo de filmación conmigo para captar el trabajo de OMC en Asia, y luego mostrarles a los donantes potenciales como, con el apoyo generoso de parte de ellos, nuestro grupo pudiera hacer mucho más.

En retrospectiva, cumplí con muchos de los objetivos para el proyecto como cliente y productor, pero en muchas maneras también fracasé.

Estaba tan emocionado con la realidad de haber conseguido un trabajo de ultramar, que tuve la sensatez de contratar a un director y camarógrafo llamado Lowell. Este amigo poseía excelente destreza y conocimiento. Sin sus habilidades, nos hubiéramos perdido en la selva. Literalmente. Ya que estábamos grabando con película de 16 mm, el sugirió traer a su amigo Dan, para manejar el sonido, con una grabadora Nagra. Los dos amigos constituían un buen equipo.

De los EEUU a las Filipinas por avión es una travesía muy, muy larga. Con paradas para cargar combustible en Alaska y Corea, llegamos por fin a Manila, totalmente agotados físicamente. Nunca se debe subestimar el daño que los vuelos nocturnos, las múltiples paradas y una cantidad de cambios de horario pueden causar al cuerpo, la mente y el alma. Y el calor y la humedad de la zona tropical también son agotadores. Aclimatarse siempre toma tiempo.

Una de las grandes ventajas que teníamos allá era que había un buen equipo de apoyo de OMC ya funcionando en Las Filipinas. Eran gente dedicada, que yo conocía bastante bien, y quienes habían preparado cada paso de nuestra filmación propuesta. Ellos contribuyeron la experiencia, conocimiento, perspicacia, logística, transporte y alojamiento que tanto necesitábamos en el camino.

Durante una semana de filmación, viajamos primero al sur, a Tacloban. De allí, en una camioneta abierta, viajamos tres horas a Catbalogan, en la isla remota de Samar. Encontramos un mundo rural, con playas, aguas claras y verdor increíble, alejado de la actividad de la sociedad moderna. Pareciera que todos andaban por doquier en bicicleta, y casi no se usaban carros o camiones. En Catbalogan, filmamos las lanchas y la pesca que formaban parte del trabajo de OMC.

Volvimos a Manila, donde filmamos el trabajo en la oficina. Luego viajamos, en camión, hasta las etéreas y antiguas terrazas de arroz en Banaue, donde filmamos el trabajo de nuestro grupo entre la gente indígena de las islas, la tribu Ifugao. Entre otras cosas, filmamos como los Ifugao guardaban envueltos los huesos de sus ancestros, en los patios atrás de sus casas.

Completamos nuestras últimas entrevistas en Manila, empacamos el equipo, y cruzamos el Mar Pacífico de nuevo hacia los EEUU, seguros de haber cumplido nuestra misión y nuestro propósito.

De vuelta en casa, nos topamos con dos inconvenientes.

En primer lugar, nuestro grupo no tenía los fondos para completar el proyecto. Producción, si. Pero no había dinero para la edición, el trabajo en el laboratorio, la mezcla de sonido, ni para finalizarlo todo. Cada centavo disponible se estaba usando para cubrir los salarios y otros gastos normales de la oficina de ese grupo ONG (sin fines de lucro). No alcanzaban los fondos para terminar un gran proyecto especial, como es una película.

Nos encontramos entre la espada y la pared. Sin los fondos necesarios para terminarlo, no podíamos usar el documental promocional completado para levantar fondos adicionales en banquetes y otros eventos. Teníamos una potente herramienta excelente para levantar fondos, almacenado en latas de película en un estante.

En segundo lugar, aunque habíamos empezado este proyecto con las mejores intenciones (casi todos así lo hacen), nosotros, el grupo, y yo, el productor, no habíamos acordado, de antemano, lo que realmente queríamos que la película *mostrara* y *contara*.

Por cierto, esto iba a ser un documental en cuanto a su presentación, y lo que cubrieron Dan y Lowell profesionalmente ilustraba expertamente lo que OMC hacia en Las Filipinas. *¿Pero qué significaba todo aquello?* Con eso quiero decir que no teníamos suficientes momentos inspiradores, ni en las entrevistas ni en las tomas, que realmente emocionarían a nuestros videntes en cuanto al trabajo de OMC en Asia.

Sin unos momentos memorables, la película sería un fracaso.

Explicaciones son buenas, pero la imaginación es lo que le da chispa al fuego.

Nuestras metas habían sido: levantar fondos y concientizar. Necesitábamos más momentos "aaah". Más material irresistible para convertir al vidente *observador pasivo* en uno que *participaría con interés.*

Nuestro último esfuerzo para levantar fondos fue mostrar el metraje crudo (inédito) a uno de nuestros donantes principales en su casa. Era un hombre muy adinerado quien podría haber pagado fácilmente lo que nos faltaba para completar el proyecto. Pero al mostrarle los rollos de película, solo se veía el metraje de nuestro trabajo en las Filipinas, solo las tomas de apoyo. Lanchas, búfalos de agua, indígenas tribales, personal de la oficina. Sin entrevistas, ni explicaciones ni guión.

Al mirar lo que proyectamos esa noche en su casa, el no le vio mucho potencial. Ni yo tampoco. La película se quedó sin terminar, y hasta la fecha yace olvidada en algún estante.

(Consejo: recuerda que *nunca* debes mostrar metraje sin editar a gente importante. A menos que tengan la capacidad de comprender como lo que les estás mostrando se va a convertir en algo completado y maravilloso, no lo hagas. Será un desastre. Solo muestra algo que esté casi listo, y que requiera muy poca explicación.)

Al reexaminar ese débil primer intento mío de producir un documental, me quedé con algunas observaciones acerca de lo que aprendí.

Prepara tu plan mucho antes de salir para el aeropuerto.

Consigue información fidedigna acerca de tu historia desde un principio.

Asegúrate de lo que quieres *mostrar y contar* – y como encaja con el propósito del proyecto.

Mantén una comunicación clara todo el tiempo. Eso incluye definir los papeles de cada persona.

En mi caso, yo realmente pensaba que sabía lo que estaba haciendo, ya que había trabajado con una red de televisión por un tiempo antes de comprometerme con este proyecto. Siendo ingenuo, me porté con una arrogancia que a veces molestaba a los demás. Y con mucha razón. No me hacían caso. Yo no había ganado ni su confianza ni su respeto. La perspectiva de ellos era que les estaban haciendo un favor a los miembros de nuestro grupo al trabajar en un proyecto con tan bajo presupuesto, por el cual solo recibirían la más mínima compensación. Y estaban contentos con la idea de gozar de una aventura en Las Filipinas.

En retrospectiva, con tan poca experiencia en la producción de películas y documentales en particular, hubiera sido mucho mejor si yo me hubiera reunido con Dan y Lowell, desde un principio, y si les hubiera dicho que tenía muy poca experiencia, y que realmente necesitaba su ayuda. Que nunca había hecho un proyecto como este antes. Y que estaba dispuesto a escuchar cualquier cosa que ellos me podrían enseñar durante la producción. Sugerencias. Consejos. Tácticas. Ideas.

Hay ocasiones cuando uno debe ser resuelto y audaz... pero hay otras cuando es mejor quedarse sumiso y callado.

Setenta y seis viajes y casi doscientos proyectos mas tarde, ya no soy ese novato que se subió a un avión de Aerolíneas Coreanas hace muchos años, con montones de equipaje y un equipo de producción de tres personas.

Ahora observo como la historia que queremos captar se va formando, conozco mejor lo que se puede utilizar en la edición final, y como se verá en la pantalla. Lecciones aprendidas.

Dicen que un viaje de mil kilómetros empieza con el primer paso.

La experiencia en Las Filipinas fue mi primer paso.

•

DETALLES DEL PLAN

HORARIO: ¿Cuántas localidades? ¿Días en el campo? ¿Cuántas horas en un estudio? Empieza a programar, tan pronto como sea posible, el tiempo necesario para la producción. Los días de filmación afectan en grande el presupuesto (y todo el horario del proyecto) porque se suman y se multiplican y se añaden al costo total. Hay que tomar en cuenta que no hay dos filmaciones iguales. Cuatro días en Sudáfrica no se parecen en nada a tres días en un estudio en Nueva York.

Una filmación de dos días en las calles de Los Angeles o Chicago no se puede comparar con un proyecto filmado y editado en una fábrica en San Antonio, Texas. Si estás filmando en ocho localidades a través del país con cinco días de viaje para un total de trece días de producción – desde llegada hasta salida – con un equipo de cuatro personas, un productor y un director, hay que calcular, en tu cronograma, toda la logística, todos los variables y requisitos.

Un plan eficaz es el que empieza desde el final y se hace al revés, hasta llegar al inicio.

- ¿Cuál es la fecha de entrega o de proyección de la película?
- ¿Cuándo tiene que estar terminado el proyecto y duplicado?
- ¿Cuántos días de posproducción se requieren (incluyendo mezcla de sonido y música)
- ¿Cuántos días de producción se necesitan o se anticipan?
- ¿Cuándo empezamos a filmar?
- ¿Cuál es la fecha mas temprana o mas tarde para empezar la preproducción?
- ¿Cuánto va a costar todo esto?
- ¿Dónde estamos en ESTE MOMENTO en cuanto a las fechas?

PREPRODUCCIÓN: Muchos proyectos se hacen con prisa, debido a las decisiones tomadas apresuradamente, al último momento. Entonces el proceso de preparación para el cliente, la agencia o la compañía de producción se va reduciendo de un tiempo adecuado a un tiempo muy apretado. Una y otra vez, he visto proyectos que han acortado su preparación porque quisieron ahorrar dinero o porque no planearon adecuadamente. Luego el personal y el equipo se lanzan a la producción demasiado pronto, lo cual resulta en un gasto mayor del presupuesto, al tratar de trabajar más rápidamente en vez de más sabiamente.

Aparta bastante tiempo para la preparación, si fuera del todo posible, porque la preparación va a ahorrar mucho más del presupuesto de lo que va a gastar.

EQUIPO HUMANO: ¿Cuánta gente vas a necesitar? ¿Cuántas personas tienes entre personal y equipo de producción? ¿Cuáles son sus papeles? ¿Cuál es el presupuesto? Sugiero contratar a un director o asistente de fotografía para ayudar con la iluminación, además de alquilar un equipo o una camioneta de iluminación. Profesionales que saben iluminar creativamente añaden mucho valor estético a la apariencia del proyecto. Y lo que se gasta siempre se verá en el producto final.

Es lo mismo para el audio. Mi experiencia es que los que manejan audio suelen instalar las líneas de los micrófonos correctamente desde el inicio y así descubren los problemas de audio temprano, para poder avisarles al productor y al director de las posibles dificultades. Puedes tener la mejor iluminación del mundo, pero si el audio suena chirriante, o al inalámbrico están entrando sonidos de la torre de control del aeropuerto, estás con problemas serios. El audio mediocre siempre vence una iluminación excelente.

VIAJAR: Investiga horarios de vuelos, los posibles hoteles, el transporte, los costos locales. A veces, para filmaciones pequeñas, he alquilado un auto caravana con remolque que sirve para sala de maquillaje, el hospedaje del equipo y la sede de producción. El beneficio es que el vehículo se puede mudar al siguiente destino, tiene sus propios baños, y se puede usar para reuniones con tu equipo. Además, para la hora de comer, se pueden almacenar bebidas y comida en la pequeña cocina.

EQUIPO: Si tu grupo de producción tiene su propio equipo digital, excelente! A veces alquilo el equipo porque los formatos y las especificaciones del equipo cambian frecuentemente, y por eso contrato a personal técnico y de sonido con talento y experiencia, quienes también puedan ofrecer sus propios equipos como parte del paquete. La ventaja es que conocen su equipo íntimamente, toman mucho cuidado con su equipo, y a veces le dan al productor un descuento en el precio del alquiler. El equipo y el personal vienen como todo un paquete que se puede negociar. También cargan su propio equipo al lugar de la filmación, ahorrando así el tiempo y el costo de la entrega.

SERVICIOS EXTERNOS: Toma en cuenta que si estás haciendo una filmación más complicada que requiere...

- Estudio y/o varias locaciones.
- Cámaras múltiples
- Remolques
- Camionetas para la iluminación
- Generadores
- Comidas, abastecimiento
- Vestuario, accesorios
- Escenarios
- Seguridad

...quiere decir que estás entrando en un plan que requiere mucha más organización que un proyecto de solo una cámara, tres personas sentadas para una entrevista y unas cuantas tomas de apoyo.

Algo que requiere más que una cámara y medio día de trabajo va a requerir planificación de muchas otras cosas. Alístate – pues hay un arduo trabajo por delante - preparativos, personal, instalaciones, materiales que pedir, equipos, y después, hay que cancelar las cuentas y finalizar todos los detalles.

En verdad, puede ser que vayas a necesitar ayuda. Los asistentes de producción (yo les llamo abejas obreras) están allí para ayudarte, y valen cualquier costo adicional, si asumen el cargo de las diversas partes del plan. Podría ser la programación del horario, hacer entregas y mandados, recoger gente en el aeropuerto, comprar sándwiches y agua embotellada. Con ayuda adicional, podrás ¡"dividir y conquistar"!

EDICIÓN: ¿Vas a usar *Final Cut Pro* en tu laptop para editar el vídeo? ¿Vas a ir a una empresa de edición costosa que utiliza *Avid*? ¿Necesitas un editor asistente, alguien para registrar y afinar el sonido? ¿Vas a finalizar todo en una casa de posproducción de alto nivel? ¿Cuántos días y semanas anticipas que el proceso de editar podría tomar?

La posproducción es un factor esencial para completar el proyecto, sea grande o pequeño. A veces se gasta más en la posproducción que en la producción en si, debido a la naturaleza de la historia o de la filmación. Te ayudará mucho en la planificación total tener una idea desde el principio, del tiempo que se va a necesitar para completar el show, la película o el segmento.

Y, sí, las cosas siempre cambian. Puedes contar con esa realidad.

Ese premiado editor estrella que no estaba disponible al principio, de repente tiene espacio en su agenda. Negocia los precios con él, consulta con tu productor o director, y contrátalo. Ajusta el plan.

Tu supervisor de posproducción quiere una edición borrador o la edición final completada antes de lo que habías anticipado. Ajusta el plan.

El director ha encontrado unas entrevistas importantes que quiere filmar con pantalla verde y hay que añadirlas a la edición casi terminada, lo más pronto posible. Revisa el presupuesto, habla con tu equipo, haz ajustes al horario de la edición. Ajusta el plan.

Mi mejor consejo es que debes programar, si fuera posible, más tiempo para la posproducción de lo que parece ser necesario. Editar es una parte creativa y divertida del proceso, y siempre será un laboratorio maravilloso donde se puede experimentar, hacer cambios y ajustes. Vas a querer probar varias versiones del proyecto, añadir gráficos, efectos especiales, la secuencia de los títulos, y las pistas de música.

Deja suficiente tiempo para la edición. El proyecto saldrá mucho mejor.

•

¿GUIÓN O LISTA DE TOMAS?

En la nofiicción, la historia se va desarrollando poco a poco, una capa encima de otra, como armar un sándwich. El guión puede estar en ese proceso de cambio, escrito y reescrito continuamente, con lápiz, por decirlo así, para que se pueda ir "borrando" al hacer cambios aquí y allá. Entonces está bien empezar con solo una LISTA DE TOMAS. Muy a menudo, los elementos de la historia se están apenas formando y entretejiendo al grabar nuevas entrevistas, mientras que las tomas de apoyo (lo cual incluye metraje, fotos y gráficos) también se van a añadir al proyecto. Empezar con una lista de tomas de los segmentos individuales de la producción es un buen plan para filmar las secuencias mientras que éstas se investigan, se programan y se graban.

PREPARACIÓN: Antes de programar una entrevista o filmación, trata de investigar la historia todo lo que sea posible por teléfono, en persona o por email con los sujetos que se van a entrevistar o con los contactos claves. Haz preguntas para poder identificar también los visuales claves que apoyarán la historia. Anota una lista inicial de tomas, de la cual podrás trabajar, aparte de la entrevista en si. Aun si el proyecto sigue siendo una "obra en proceso", una lista de tomas te ayudará a visualizar la filmación y la historia.

Si te han contratado para un proyecto en el extranjero, o en otra parte de tu país, o aun en la misma ciudad, habla con el productor, el gerente de producción o el cliente y pregúntales cuales son sus expectativas para la filmación. ¿Qué quieren cubrir? A quiénes van a entrevistar? ¿Cuál es el horario? ¿Cuánto tiempo piensan que se va a necesitar? ¿Cuáles son los preparativos necesarios? ¿Estarán afuera o adentro? Conseguir esta información al principio te ayudará a prepararte y organizarte.

LISTA DE TOMAS SEGÚN SU VALOR: En mis años de trabajo con una gran cantidad de clientes, grupos y organizaciones, he utilizado una táctica que, para todos, incluyendo el equipo y el personal, ahorra mucho tiempo, molestia y frustración. Lo he llamado la Lista de Tomas Según su Valor. No importa si sea la primera vez o la vigésima vez, pido a la persona, o al grupo, que me dé una lista detallada de los posibles temas y los visuales que puedan apoyar esos temas (las tomas de apoyo) que ellos quisieran que filmemos. Así, por medio de la colaboración y la comunicación, estamos creando una lista tentativa de tomas.

A partir de esa lista, se les pide que identifiquen **LOS ELEMENTOS MÁS IMPORTANTES** para ubicarlos en primer lugar. Luego deben clasificar los temas, y las tomas restantes, uno por uno, en orden de importancia, hasta llegar a los elementos de menor importancia (el final de la lista). Lo llamo **LISTA DE TOMAS EN FORMA DE PIRÁMIDE:** Lo mas importante primero (mayor peso) y lo menos importante al final (menor peso).

Al pedirle a un productor o un cliente que me ayude a crear la lista de tomas, estoy extrayendo de él, la información y las metas que me van a ayudar en la filmación. En vez de dejar que esas ideas queden en sus mentes (información que tal vez solo ELLOS sepan) estamos anotando esas ideas claramente en una lista manejable que tenemos en común, y que llega a ser parte del plan de producción. Además, la lista ayuda a reducir posibles malentendidos en cuanto a quien y qué estamos filmando, mientras que también mantenemos el proceso en orden.

Armado con esa lista de tomas, creada con el productor o cliente por teléfono, internet o en persona, sabré lo que es importante para el proyecto el día de la filmación. Siendo flexibles, los miembros de nuestro equipo tratarán, hasta donde sea posible, de filmar todo lo que hay en la lista, del primero hasta el último. Y yo les preguntaré cual es la importancia o significado de las tomas al final de la lista también. Pero, sin duda, los elementos esenciales, al principio de la lista, "que no se pueden pasar por alto", se manejan primero. Si soy el director o productor del proyecto, voy a crear la lista yo mismo, porque al hacerlo, me mantengo enfocado en lo que realmente es o no es importante.

En su totalidad, *la lista de tomas según su valor define las intenciones y las expectativas de cualquier filmación.* Evaluar la lista de tomas también es de beneficio para la producción en cuanto a programar y administrar el tiempo. Si la lista de tomas es demasiada larga y detallada, o está llena de objetivos obligatorios, voy a necesitar mucho más tiempo de lo que había planificado originalmente. O reducimos la lista, o añadimos más tiempo para filmar. Algo se tiene que cambiar, lo cual es mejor saber ANTES de la filmación.

Tu lista de tomas, para filmar historias de noficción, forma parte del plan. La lista también ayuda el proceso de contar la historia porque le va dando forma al guión final, al identificar personas, temas y visuales que son más importantes que otros.

•

CAMERUN, ÁFRICA CENTRAL

En los años 90, recibí una llamada telefónica, el mismo día que salía para África Central para filmar un evento de una semana de conferencias. Un grupo muy respetado, *International Aid* (Ayuda Internacional), supo que yo iba a la misma ciudad remota de Camerún, donde ellos habían construido una clínica oftalmológica. Yo tenia las tardes y las noches ocupadas, pero en el día tenia la libertad de filmar proyectos y tomas locales, si me lo pedían.

El grupo humanitario me contrató verbalmente por teléfono, y acordamos que tendríamos dos días de filmación, durante los días que yo estuviera en Camerún. Antes de salir para el aeropuerto, para viajar a África (pasando por Europa), le pedí a este nuevo cliente que me diera una lista de tomas, detallando los visuales, temas y objetivos más importantes que ellos querían que yo filmara. No había suficiente tiempo, en una corta conversación telefónica el día de mi salida, para crear tal lista de antemano, ya que yo estaba en el proceso mismo de empacar mis maletas y salir de viaje. Mi contacto quedó en mandar la lista, por fax, a la clínica en Maroua, Camerún antes de que yo llegara. Con esa lista, yo les podría manejar la producción. Esperaba que pusieran las tomas "indispensables" al principio de la lista, y las menos importantes "los que puedes grabar si tienes tiempo extra" al final. Una lista de tomas **según su valor.**

Después de aterrizar en Camerún, el personal del Hospital Oftalmológico Binder, una gran organización que hacía un maravilloso trabajo compasivo, llegó a recogerme ese primer día en mi hotel. La lista de tomas del grupo patrocinador en los EEUU todavía no había llegado a Camerún. Y debido a la diferencia de seis horas entre la oficina de *International Aid* y el hospital Maroua, yo decidí crear mi propia lista de tomas para poder empezar a trabajar.

Mientras tomábamos café en la clínica, empecé a preguntarles a los doctores y a los líderes cuales eran las áreas más importantes para ellos en la atención oftalmológica:

- ¿Qué es lo mejor que hace su clínica?
- ¿Qué es lo que motiva su compasión?
- ¿Qué tipos de pacientes reciben ayuda?
- ¿Cuáles son las edades de los pacientes típicos?
- ¿Qué tipos de cirugías realizan más a menudo?
- ¿Qué es lo peor que enfrentan? ¿Qué es lo más sencillo?
- ¿Qué diferencia hacen las cirugías en las vidas de las personas a quienes ustedes atienden?
- ¿Por qué es que los médicos donan sus días de vacaciones para ayudar a esta gente y hacer estas cirugías?

Ese excelente grupo de doctores, enfermeras, gerentes y personal empezó a describir su trabajo en beneficio de los habitantes de esa región remota. Explicaron que la gran mayoría de sus pacientes eran sumamente pobres y jamás podrían costear tales cirugías. Muchos de los tratamientos eran sencillos, pero necesarios, como extraer cataratas. Me mostraron sus instalaciones, pude hacer más preguntas y conocer más a fondo su historia y el propósito de su misión.

Empecé a pensar en los visuales que quería grabar, y los temas que se deberían abarcar en las entrevistas, para *mostrar y contar* esta historia motivacional, en forma eficaz, por medio de un cortometraje. Para crear una lista de tomas, empecé a apuntar las tomas y los temas que quería filmar, desde los objetivos más importantes hasta los de menos importancia.

Usando esa lista, entrevisté (a cámara) a los médicos, acerca de lo que les motivaba a trabajar como voluntarios. Capté tomas de las cirugías básicas en las salas quirúrgicas. Grabé tomas cerradas de los enfermos y heridos en la sala de espera. Y tomas del exterior, de la gente llegando a pie o en bicicleta a la clínica. Filmé tomas de cerca, de la atención que recibían en la revisión inicial con las enfermeras. También grabé entrevistas emotivas con los pacientes mismos, antes y después de sus cirugías, y con sus parientes. Le pedimos al personal médico clave que nos contara del trabajo y del éxito de la clínica. Conseguimos tomas de los rótulos y las instalaciones, para después añadir narración y datos adicionales. Donde fue posible, filmamos la atención al paciente, en todo lugar que eso ocurría, incluyendo el tratamiento en la clínica, de parte de los asistentes del personal médico.

En horas de la mañana, con la mejor luz del día y cuando el tiempo era más fresco, conseguimos las tomas exteriores y las entrevistas. Cuando empezó a hacer más calor, y el sol se puso más fuerte, al mediodía, nos mudamos al interior y filmamos algunas entrevistas en la sombra. Lo que no pudimos hacer ese primer día, lo dejamos para el segundo, tratando de mantener balanceado el proyecto total. Durante nuestros días de filmación, yo iba anotando las entrevistas, los temas interesantes, las tomas importantes, las cirugías, el personal, las instalaciones y los procedimientos que filmábamos.

Finalmente, la lista de tomas del cliente llegó por fax durante la última hora del segundo día de filmación. Llegó después de haber agotado el 99% de nuestro tiempo de producción, usando mi propia lista de tomas que yo había creado esa primera mañana. Afortunadamente, gracias a las conversaciones, mis preguntas, mis observaciones y el instinto, ya habíamos filmado casi todas las tomas que el cliente tenía en su lista. Lo único que nos faltaba era grabar unas cuantas tomas de apoyo.

¿No hay guión? ¿El guión se va cambiando? Crea una lista de tomas.

•

TÁCTICAS DE PLANIFICACIÓN DE LOS PROFESIONALES

–En el mundo de radio y televisión, aprendí, por los errores que hice, que uno tiene que estar muy preparado para poder ser espontáneo.

- Walter Cronkite, presentador de CBS News

–Conoce bien tu historia y sigue fielmente tu lista de tomas. Analiza los elementos que vas a necesitar para contar la historia, y tranquiliza a tu editor, consiguiendo todas las tomas necesarias. Esto implica organizar tu trabajo para cubrirlo todo dentro del tiempo disponible. Cuando el tiempo es limitado, consigue las tomas principales primero, y luego puedes hacer las demás. Esto es sumamente importante si el mal tiempo u otras interrupciones amenazan la filmación.

- Stan Jeter, CBN News

–Familiarízate con cada pieza del equipo antes de salir a algún lugar remoto donde no funcione el celular o no haya electricidad.

–Imagina la producción desde el final hasta el principio – del master ya entregado al revés, hasta el comienzo cuando se pone la cinta o la tarjeta SD en la cámara. Si uno puede ver la producción al revés, podrá ver lo que va a necesitar y cuando lo va a necesitar.

- Dustin Ebsen, Beantown Producciones

–Si sabes lo que quieres antes de empezar a filmar, sabrás si lo has conseguido o no. La preproducción minuciosa garantiza una filmación eficaz y creativa. Y deja tiempo para captar otras tomas oportunas.

–Nunca digas que un proyecto va a ser fácil. No creo en la mala suerte, pero cuando las personas (camarógrafos, clientes, actores) escuchan la palabra fácil, dejan de prestar tanta atención a los detalles, y la filmación toma más tiempo. Hay que mantener a todos bien enfocados en la productividad y la calidad del proyecto. Si va rápido, y bien, ¡celebra con ellos!

- Don Hancock, Performance Communications

–Planifica lugares y tiempo para 'cargar las baterías'.

- Steve Taylor, Digital Espátula

–Antes de comenzar la filmación, planifica los elementos.

- Gregory Branch, productor/periodista

–Toma en cuenta la posibilidad de lluvia cuando hay tomas afuera (hay que tener un plan B) y otros posibles inconvenientes o demoras.

- Alan Lloyd, camarógrafo de luces

–Un proyecto exitoso requiere de varias cosas:

–1. Una idea clara de lo que HAY QUE filmar.

–2. Coordinación con el personal y los contactos locales.

–3. Excelente planificación.

–4. Flexibilidad.

–5. Un ambiente donde el personal pueda descansar y utilizar su tiempo al máximo.

- Jim Rawn, Year 64 Media

–Házlo. Los novatos suelen auto-criticarse demasiado. No hay mejor lección que levantar una cámara y empezar a filmar, y después encontrar una forma de editar el material y mostrarlo a cualquiera que esté dispuesto a mirarlo. Así, sobre la marcha, descubrirás lo que funciona y lo que no funciona, después de producir el primer proyecto y el segundo, etc.

–Un mentor, después de revisar material para un proyecto, me aconsejó, –Piensa en las tomas que funcionaron y lo que hiciste para conseguirlos. Me parece un consejo muy valioso.

- Angelike Contis, reportera y productora de documentales

–Nuevos productores suelen meterse en la producción antes de hacer los planes necesarios y escribir el guión final. Esto es muy arriesgado, y un desperdicio de dinero y de tiempo. Hay que Planificar, Escribir, Investigar y Planificar ¡un poco mas! Solo así el resultado será magnifico y tal vez se logrará ahorrar un poco de dinero también.

- Michelle Haynes Alvarado, Wahoo Filmas

–Invierte tiempo de calidad en la planificación. Será evidente en el producto final. La atención al detalle es muy importante. El mensaje debe quedar en la mente de la audiencia varios días. El mensaje debe ser bien vinculado con toda la película. La iluminación, las emociones, la música, los movimientos de las cámaras, todos deben estar coordinados.

–Observa la naturaleza, la gente, el medio ambiente y obtendrás muchas cosas que necesites. Cree en tu idea, no cambies de dirección por las sugerencias de otros.

- Shibu Abraham, cineasta

–Cuidado con la visión miope durante la investigación; es posible que haya una explicación verosímil que no encaje con tu forma de pensar.

–Verifica, verifica y verifica otra vez, verifica de nuevo y luego ¡verifica una vez más!

–Al final de la entrevista, sigue con la cámara grabando y apuntada hacia el sujeto. Es sorprendente como las personas se relajan y te dan información adicional de manera informal.

- Wim Maatman, dueño, Mediagroep Gelderland BV

CAPÍTULO 2 REPASO: HACER UN PLAN

1. Una meta sin un plan es solo un deseo.
2. Sin un plan, estás predestinado al fracaso.
3. Organízate.
4. Conoce bien los elementos de tu historia, todo lo que se puede conocer desde el inicio.
5. Un plan eficaz es el que empieza desde el final y termina con el principio.
6. La preparación ahorra mucho más del presupuesto del proyecto que lo que se gasta en ella.
7. ¿No hay guión? ¿El guión se va cambiando? Crea una lista de tomas.
8. Deja suficiente tiempo para el proceso de editar. Tu proyecto resultará mucho mejor así.
9. Cambios son inevitables. Anticípalos.
10. Explicaciones son buenas, pero es la imaginación lo que le da chispa al fuego.

CAPÍTULO 3: ENTREVISTAR

El Arte de la Entrevista

•

–Las mejores preguntas vienen de la respuesta anterior.

- Ted Koppel

presentador de noticiero de ABC

Siempre me ha gustado el programa *Nightline*, que surgió como un noticiero nocturno para informar acerca del estatus del personal de la Embajada Americana en Iran. Los empleados americanos habían sido secuestrados por estudiantes iraníes, al final de la década de los '70, y por eso el titular original del noticiero fue "América de Rehén".

Ted Koppel, quien ha sido el excelente anfitrión durante 25 años, es uno de los mejores entrevistadores que existen, uno que siempre hace preguntas sólidas y penetrantes. Hace sus investigaciones periodísticas, escucha, anticipa, sondea, da seguimiento, y permanece firme. A veces la discusión resulta en un ambiente descontrolado, pero Koppel es todo un profesional. Y la calidad (y cantidad) de sus entrevistas con los famosos (y los infames) le da a este periodista un rango con los anfitriones de noticieros más capaces en la historia de televisión.

La declaración de Koppel es una de las dinámicas de comunicación más importantes en el transcurso de una entrevista, sea con un jefe de estado, con un homicida condenado, un atleta famoso o el guarda de seguridad que pone candado a las puertas de una fabrica que ha sufrido un robo.

Aunque te hayas preparado meticulosamente, solo podrás hacer preguntas inteligentes y buenas en una entrevista al *escuchar*, prestar atención, estar alerta, anticipar, y seguir cualquier pista que las respuestas presenten.

Si solo estas pensando en tu próxima pregunta, fracasarás como cineasta, entrevistador y comunicador.

Si la lista de preguntas en tu cuaderno se ha vuelto más importante que la persona que tienes al frente, entonces tú, el entrevistador, y el proyecto mismo, tendrán problemas serios.

En realidad, puede ser que tengas suerte. La persona con quien hables, tal vez te proporcione tan buenas respuestas, y sea un invitado tan memorable, que no importa lo que le preguntes. Porque su ingenio, su personalidad, sus observaciones o su agudeza harán que el entrevistador, la historia, y la entrevista brillen. O tal vez no.

Hablemos un momento de los elementos más básicos.

En el contexto general de grabar historias, hay solo unos pocos elementos cinematográficos que suplen información y contenido. En la noficción, el contenido casi siempre proviene de dos fuentes primarias; la primera es la narración, la cual puede incluir un locutor en off, o un anfitrión en pantalla que lee un guión, pistas o teleprompter. El *otro* componente clave es la entrevista. (Otro elemento que beneficiará tanto la narración como la entrevista es lo gráfico en la pantalla.)

La entrevista siempre es lo más básico de cualquier tipo de noficción para un segmento de televisión, película, vídeo, DVD o documental Entonces, la forma en que uno entabla a la persona en la entrevista es vital para el éxito del proyecto, segmento o historia. Y debe ser evidente que *hay que* prepararse bien, con respecto a la persona, el tema y la locación. Las entrevistas, que se presentan de varias formas y tamaños (lo que vamos a tratar en este capítulo), son indispensables. Lo digo de nuevo, son INDISPENSABLES.

En mi trabajo, tanto del lado técnico como del lado creativo, siempre me sorprende ver cuantas personas están dispuestas a contarte casi todo, si les escuchas muy de cerca.

Las preguntas de seguimiento, las que *no* tienes en tu lista original, son claves. Porque esos nuevos caminos exploratorios muchas veces pueden llevar el discurso en nuevas direcciones inesperadas. En la mayoría de los casos (pero no siempre), aquellos temas inesperados y sorprendentes agregarán capas, matices y detalles a la historia que estás explorando, filmando y presentando.

Sí, como ha dicho Koppel, las mejores preguntas generalmente resultan de la respuesta anterior, porque la persona ha dicho algo que merece seguimiento. Es allí donde realmente comienzan las buenas entrevistas. La mayoría de las entrevistas son orgánicas; se van desarrollando a través de un proceso de interacción, y así va creciendo la relación entre la persona entrevistada y el entrevistador.

Entonces, escucha y haz preguntas de seguimiento. Pero no dejes de improvisar cuando sea necesario. Es tarea tuya, como cineasta, guiar la nave. Navega bien, pero trata de no desviarte demasiado mientras manejes el timón.

•

CALIFORNIA

Hace años estaba haciendo un proyecto de periodismo investigativo en el *Departamento Juvenil de California (California Youth Authority)* en la ciudad de Whittier, California. Era para una serie televisiva muy buena pero ya olvidada, que se llamaba *Caso Cerrado (Case Closed),* de la *USA Network.*

Me tocaba manejar el sonido para las entrevistas, usando micrófonos solaperos conectados a la cámara, mientras que vigilaba los niveles del sonido que se grababan. Durante aquel día de producción, los oficiales de policía nos traían varios violadores jóvenes a un edificio donde nuestro equipo entrevistaba a los presos a cámara. Muchos de ellos eran de los barrios de California del sur, y se habían criado en las pandillas. Era un grupo de hombres muy duros, con las cabezas rapadas, bastantes tatuajes y actitudes pendencieros.

El productor empezó con preguntas básicas acerca de las convicciones previas de cada criminal, incluyendo las circunstancias de los abusos y violaciones. Eran entrevistas típicas, una tras otra. Tal estilo de interrogación continuó toda la mañana, y pasábamos de 20 a 30 minutos filmando con cada reo. La verdad es que no estaba funcionando bien, y no se pudo conseguir nada de material significativo.

Durante un receso bastante largo, el productor nos pidió a James (el camarógrafo) y a mi (el sonidista) que pensáramos en unas buenas preguntas que el les pudiera hacer. Después de pensarlo un momento, le di una simple sugerencia:

Pregúntales que piensan de las mujeres. ¿Cuál es su perspectiva con respecto al sexo femenino?

Cuando entró el siguiente violador, el productor le hizo las mismas preguntas que había usado antes, y luego cambió de táctica y le hizo la nueva pregunta, –¿Qué opina usted en cuanto a las mujeres?

El cambio de respuesta fue instantáneo. Empezamos a sentir escalofríos, porque el ambiente emocional en aquel lugar había cambiado dramáticamente, con esa sencilla pregunta punzante que hizo el productor.

El preso lanzó con una irrupción de palabras llenas de odio, desprecio y desdén hacia sus novias anteriores y otras mujeres que conocía. Desde su punto de vista, las mujeres eran todas detestables, eran manipuladoras y descaradas y las describía con palabras vulgares. Según el, las mujeres merecían todo lo que él les hacía.

Cuando se le preguntó acerca de la mujer por cuya violación el había sido condenado, sus comentarios fueron tan viles y venenosas que no se pueden imprimir en este libro. Sin embargo, al hacer esa nueva pregunta crítica, se le dio al televidente un vistazo de aquel pozo de inmundicia sexual y social, lleno de abuso, degradación y misoginia. Impactante, pero nada bonito.

Lamento admitirlo, pero el cambio total en la entrevista produjo lo que resultó ser un programa de televisión sobresaliente. Claro que había que eliminar ciertas palabrotas, pero, al indagar un poco más, al cambiar el enfoque en los hechos hacia las emociones, el productor consiguió buenas declaraciones y buen contenido. Sí, el material de la entrevista fue ofensivo, pero tristemente, fue perfecto para un show acerca del crimen.

Los comentarios del reo abrieron una ventana de inmundicia que reveló el alma de un violador descontrolado.

Preguntarle al reo cual era su actitud hacia las mujeres fue la pregunta acertada. La disposición del productor, al pensar fuera de su lista de preguntas, dio el resultado de material impactante y espeluznante.

•

LOS FUNDAMENTOS DE HACER PREGUNTAS

He descubierto, a través de los años, que una de las claves del éxito en las entrevistas es evitar las preguntas a las que se responde con "sí" o "no", porque casi siempre producen respuestas cortas, que realmente no nos llevan a ningún lado.

Respuestas sumamente cortas pueden resultar en un desastre vergonzoso en la entrevista, porque no tienen profundidad y producen un ambiente incómodo de torpeza. Como entrevistador, quieres entablar una conversación con el sujeto y desatarle la lengua para que exprese sus opiniones y cuente su historia.

Cuando soy el director y/o entrevistador, les hago preguntas a los sujetos, repetidas veces, que empiezan con las palabras *Cuénteme, Describa, Explique, Hable de.*

Por ejemplo:

- **Cuénteme** acerca de su niñez aquí en el estado de Oklahoma.
- **Describa** como era ser niño en esa época.
- **Explíqueme** de qué manera la vida era diferente en ese entonces.
- Cuando estuvimos hablando antes, usted mencionó que sufrió un horrible accidente de automóvil que le dejó, a la edad de 11 años, con una pierna paralizada. **Háblenos** de las circunstancias de esa tragedia.

Si se empieza con una pregunta directa, tal como, –¿Sufrió usted un accidente de automóvil cuando era niño?

La respuesta tal vez sea adecuada, pero mucho más corta que la de "describa como ocurrió el accidente." Por otra parte, esa pregunta también podría producir una respuesta larga, prolongada y confusa, que continúa sin rumbo, y lo peor es que será muy difícil de editar.

El ya fallecido Johnny Carson, legendario anfitrión del programa *The Tonight Show* (de la red NBC), durante más de 30 años, solía usar una muy buena pregunta para iniciar la entrevista con sus huéspedes. Carson hacia la pregunta disfrazada: –Alguien me dijo que...Y luego el *agregaba* algún tema.

–Alguien me dijo que...usted acaba de regresar de un una gran gira de conciertos en Europa Oriental.

–Alguien me dijo que a usted le encanta cazar animales grandes en África.

–Alguien me dijo que hay una persona nueva y muy especial en su vida.

En primer lugar, el "alguien" era un miembro del staff de Carson que había entrevistado antes al huésped y le había preparado al anfitrión una lista de preguntas.

En segundo lugar, y mas crítico para la entrevista, "alguien me dijo que " era una forma sencilla que Carson utilizaba para animar al sujeto a hablar, cómodamente, acerca de algo que era importante para él.

Usa las palabras Cuénteme, Describa, Explique, Hable de, o incluso, –Alguien me dijo que...

•

LA ENTREVISTA – CON SUJETOS SENTADOS

Con dos personas sentadas, en un ambiente bien iluminado, a quienes les has dado un tema significativo para comentar, podrás grabar (o recordar de memoria) el inicio de una historia, un show o un segmento.

Pero para conseguir una exitosa entrevista con el sujeto sentado, se requiere tomar el tiempo necesario. Para que funcione bien, hay que convertir las luces, el sonido, la posición de las sillas, el fondo (mesas, lámparas, libros en el estante, fotos de la familia) en un buen cuadro visual.

Un colega mío, el camarógrafo Sergio Montoya, le preguntaba al productor o al director, justo antes de preparar una entrevista, **–¿Lo quieres hacer RÁPIDO o BIEN?**

Montoya tenía razón; rara vez tendrás tiempo para ambos.

Rápido significa un arreglo rápido, colocar luces (o solo usar la luz natural) fijar micrófonos, colocar sillas, hacer ajustes, encuadrar y empezar a grabar.

Bien requiere un mínimo de 30 hasta 60 minutos para asegurar que esté bien la iluminación, que las sillas estén colocadas de la forma más ventajas, que los micrófonos estén listos y hasta el más mínimo detalle del escenario, dentro del encuadre de la cámara, esté posicionado apropiadamente (para no competir, sino complementar). Piensa en los detalles del fondo como *el elenco de apoyo*; y trata a la persona entrevistada como el *actor principal* del segmento o de la filmación.

La persona que uno entrevista debe tratarse como si fuera el *actor principal* del segmento o de la toma. Por factores de tiempo, hay que tener presente que la entrevista con sujetos sentados requiere tiempo al final, para desarmar y guardar todo, las luces siendo lo último que se guarda por estar calientes. Hay que empacar maletas, enrollar cables, y colocar todos los elementos del salón, de nuevo, en sus sitios originales.

Regla para entrevistas con sujetos sentados: siempre hay que dejar el lugar tan ordenado o mejor que lo encontraste. Eres un huésped, por lo general, en un lugar ajeno (oficina, hogar, área de trabajo, iglesia). Pon las cosas de nuevo en sus sitios para que no se note que has estado allí con tu equipo.

Al decidir si vas a usar una, dos o tres cámaras para cubrir la entrevista, toma en cuenta varios factores: presupuesto, estilo de filmación, tamaño del salón, importancia del sujeto, los miembros de tu equipo que están disponibles, la visión creativa, si el entrevistador saldrá o no saldrá en las tomas, etc.

Pero, una cámara adicional, para tomas cerradas, otros ángulos o una toma master, siempre te traerá aplausos de parte de tu editor cuando el esté editando la entrevista. Las cámaras adicionales suplen más cobertura, para dar vida al segmento, con la energía de los diferentes ángulos.

Si vas a usar varias cámaras, tu personal necesita tener un plan definido con respecto a quien va a cubrir a quien, y cuando se va a hacer. Una cámara podría filmar una toma cerrada mientras que la otra consigue una toma master al mismo tiempo. Dependiendo de los ángulos y el esquema, asegúrate *antes* de la entrevista, que todos están en la misma pagina. Si el esquema no funciona durante la entrevista, detén la cámara, haz ajustes y luego procede.

Uno de los problemas de casi cualquier entrevista, incluyendo la que se hace con el sujeto sentado, son las distracciones. Puede ser un teléfono que suena, una persona que entra sin avisar, el ruido del aire acondicionado (lo que llamamos "sonido blanco") o miles de otras pequeñas cosas que perjudican el flujo de la entrevista, y también las imágenes y el sonido grabado.

Tener el máximo control posible del lugar físico es crítico para el éxito de la entrevista, tanto en frente de, como detrás de, la cámara.

Siempre toma tiempo para grabar el sonido ambiental (natural) durante la filmación. Me gusta hacerles callar a todos por un momento (de 15 a 30 segundos) mientras estamos haciendo una toma cerrada del micrófono solapero. Así el editor o el que mezcla sonido podrá identificar fácilmente de donde viene el sonido ambiental al ver esa toma del micrófono.

También sugiero filmar las tomas master de la entrevista antes de, durante o después de la secuencia de preguntas y respuestas. A veces éstas se pueden hacer con una segunda cámara, y pueden incluir tomas sobre el hombro, individuales, de dos personas, de direcciones opuestas, desde el fondo del salón, e incluyendo el equipo de producción.

Todos juntos, estos ángulos y tomas de cobertura ofrecen al cineasta otras posibilidades para introducir narraciones en la versión final, mientras que también establecen al sujeto, justo antes de que éste empiece a contestar. Las tomas de cobertura también permiten que el editor junte dos citas diferentes, cubriendo esa edición con una reacción sobre el hombro o una toma amplia.

Si el tiempo lo permite, es importante filmar tomas del sujeto en su ambiente natural, es decir, trabajando en su escritorio, hablando con colegas, examinando un paciente o entrando a su edificio. Tomas de apertura, con el sujeto haciendo algo que apoye a la historia y el papel suyo, ayudan a definir la historia más precisamente.

•

LENTE SPINELLI

Justo antes de la entrevista, en la conversación informal entre el sujeto y el entrevistador, el sujeto muchas veces empieza a dar respuestas excelentes que serían muy útiles si fueran grabadas. Pero la cámara no está grabando todavía, porque nadie ha dicho que hay que comenzar.

Una manera secreta mía, que empleo para empezar una entrevista, es algo que aprendí de un gran camarógrafo y amigo, Randy Layson. El tenía una señal secreta con su productor, en el programa *A Current Affair* de la red *Fox Network,* para indicar cuándo debía empezar a grabar la entrevista. Antes de empezar la entrevista, si el sujeto ya estaba diciendo algo valioso que se debía grabar, el productor volvía hacia él y le preguntaba, –Randy, ¿trajiste el lente Spinelli? Randy siempre respondía, –Claro, aquí lo tengo. (Pero no existe ningún lente Spinelli). Era la señal secreta del productor, indicando que ya debía empezar a grabar, sin que el entrevistado se diera cuenta. Randy entonces oprimía el botón rojo, y así se lanzaba la entrevista.

A veces pasaban cinco minutos antes de que el sujeto se diera cuenta que ya estaban filmando la entrevista. Para ese entonces, ya había hecho varios comentarios muy buenos. Excelente, porque cuando las personas se relajan y no han ensayado mucho, se sienten menos nerviosos frente a la cámara. Las palabras “grabemos” o “empecemos” muchas veces *paralizan* al sujeto, quien se pone nervioso al solo ver la cámara. Al grabar sin que se de cuenta, uno capta a la persona en un estado mucho más natural.

Así que, ¿trajiste el lente *Spinelli*?

•

LA ENTREVISTA AMBULANTE

Por su naturaleza, las entrevistas ambulantes se hacen al estarse moviendo. Puede ser en la calle, a lo largo de un río o al andar por una fábrica, y se enfocan mayormente en el entrevistador y el sujeto. Tal vez se detengan en el camino, para señalar algo interesante, por ejemplo, donde el sujeto estudió, o donde él disparó a la víctima, o donde casi fue atropellado por un autobús.

Pero se está moviendo constantemente.

En mi experiencia, hay que tomar en cuenta unos componentes técnicos y de montaje para que sea exitoso este tipo de entrevista.

En primer lugar, micrófonos inalámbricos o un micrófono dirigido, con "fish pole" (y un técnico de sonido) son requisitos imprescindibles para captar bien el sonido. Si usas el micrófono montado en la cámara, compra el mejor que puedas costear, y acércate a los sujetos. Pero, a menos que sea un ambiente callado, se va a grabar también el sonido de la calle y el audio crudo, lo cual causará dificultades después en la edición, en la mezcla de sonido o en tu laptop. Es entonces que un micrófono inalámbrico o dirigido puede "rescatar" la mezcla del sonido.

En segundo lugar, la entrevista móvil es mucho trabajo para el camarógrafo, que tiene a veces que caminar en reversa para grabar la escena. Asegura que un asistente de cámara le esté guiando y apoyando, sobretodo si el terreno no es plano, para que no tropiece ni se caiga.

En tercer lugar, la iluminación puede causar estragos, cuando la entrevista se mueve entre la luz y la sombra en exteriores, o a través de luz artificial en interiores. Asegúrate que el iris de la cámara esté posicionado correctamente para cubrir tanto la luz como la sombra. Tener alguna luz portátil, que uno puede cargar a mano o incluso la que lleve la cámara, es de ayuda si el escenario es oscuro. Muchas veces un reflector o un cartón blanco se presta para iluminar también.

En cuarto lugar, trata de no exceder 20 o 30 minutos de caminar y hablar, en particular si se está filmando afuera, en condiciones de calor, frío o lluvia. Las entrevistas ambulantes son agotadoras. Manténlos lo mas breve posible.

Finalmente, consigue varias tomas amplias y reacciones para cobertura visual. Si luego hay que reducir la entrevista, en cuanto a tiempo o contenido, o hay que cubrir errores, las tomas amplias y los ángulos adicionales son una ayuda inmensa.

Al editar, el uso de la segunda cámara siempre produce mayores resultados de lo que uno esperaba.

•

LA ENTREVISTA EN GRUPO

He hecho entrevistas con ocho personas, donde dos personas hacen preguntas y seis sujetos responden. Es muy difícil. Se necesita un micrófono para cada persona (o un boom) un mixer con canales múltiples, suficiente luz (si se hace en lugares interiores), y un plan. Se puede comparar a dirigir tránsito, porque si una persona habla espontáneamente, las cámaras tienen que captar sus comentarios tan pronto que los haga. Es crítico saber *quién* va a hablar y *cuándo* va a hablar.

A menos que sea una entrevista en vivo, debes estar dispuesto a hacer pausas entre los comentarios, decidir quien será el próximo en hablar, encuadrar la toma con esa persona y luego grabar.

Para cubrir una entrevista en vivo se requiere por lo menos dos cámaras. Una cámara para encuadrar la toma master, y la otra para las tomas cerradas y las tomas de dos personas en el encuadre, al mismo tiempo. Una tercera cámara, si fuera práctico, sería ideal para encuadrar al entrevistador haciendo sus preguntas, y luego para poder girar y conseguir ángulos laterales, ángulos desde la dirección opuesta y las tomas de las reacciones (muy importantes).

Entrevistas en grupo son difíciles. Hay que utilizar dos o tres cámaras, muchas luces y micrófonos, un equipo completo, monitores y un plan para cubrir a todos. Prepárate a tomar mucho tiempo, porque las entrevistas en grupo rara vez se hacen de forma rápida, debido al montaje, la cobertura y el número de personas que se requiere, tanto en frente de, como detrás de, las cámaras.

•

LA ENTREVISTA EMBOSCADA

Estas entrevistas se hacen sobre la marcha, y a menudo son *confrontacionales*. ¿Por qué? Porque le estás metiendo una cámara y un micrófono en la cara de alguien, en un lugar y en un momento cuando menos lo espera. Puede ser que te complazca o al contrario, que se moleste. Prepárate para lo peor, un portazo, un empujón de la cámara, guardas de seguridad que te escolten fuera del lugar, o que te griten maldiciones.

Desde un principio, asegúrate que el sonido y la cámara estén listos. No improvises, porque puede ser que tengas una sola oportunidad. Empieza a *grabar* mucho antes de entrar en la oficina de la persona, de tocar en la puerta o de acercarte a alguien que está saliendo por la puerta trasera de un edificio.

No dejes de grabar hasta mucho después de que la persona termine de hablar, o parezca que el segmento esté ya terminado. Mucho mejor grabar demasiado que oprimir ese botón rojo y terminar de grabar demasiado pronto. Porque no sabes qué dirá la persona ni cuándo va a dejar de hablar.

Finalmente, prepárate para la reacción, la cual puede llegar de varias maneras, ya sea violencia, agresión, gritos, evasión, silencio, humildad o arrepentimiento. Toma en cuenta que estás haciendo la entrevista emboscada por una razón: no se pudo conseguir una entrevista formal..

Recuerda que debes seguir grabando hasta que el director o productor te diga que te detengas.

•

LA ENTREVISTA DE PIE, EN EXTERIORES

De todos los tipos de entrevistas que he hecho, y después de filmar centenares de presentaciones a cámara, el tipo con el cual he tenido la mayor experiencia es el que se hace con una sola persona. Colocar a una persona en un lugar espectacular como la Plaza Roja de Moscú, al lado de las Cataratas Victoria en Zimbabwe o en la ribera del Río Ganges de India, es gratificante artística y profesionalmente. Tales lugares de interés (y hay muchos más) le dan ambiente y presencia a la entrevista.

Es por eso que a mi modo de pensar, desde la perspectiva creativa, visual, y estética, no hay nada mejor que una persona interesante, parado en un lugar visualmente dinámico, que esté hablando de un tema informativo e impactante. Es una maravillosa conversación en un excelente lugar. Para realmente tener éxito, se requieren unos ingredientes claves. Y son críticos; si te falta uno, como si fuera un banquillo de tres patas, todo se viene para abajo.

LUGAR: Busca un lugar para la entrevista que encaja con la historia que estás contando. Debe ser apropiado para el tema y las preguntas. De hecho, el lugar es *el elenco de apoyo* para el tema del segmento y para la persona a quien entrevistes. *La locación es crítica.*

SONIDO: Asegúrate que el audio suena bien, sea con micrófono solapero, dirigido, inalámbrico, o en última instancia, con el micrófono de la cámara misma (es decir, el mejor micrófono unidireccional que puedas conseguir). El micrófono de la cámara es el MENOS deseable, porque capta todo el sonido ambiental, no solo la voz de la persona entrevistada. Yo prefiero los solaperos de cable, porque producen la más consistente grabación de sonido.

TIEMPO: Trata de asegurar que haya *bastante tiempo* para hacer una buena entrevista en el lugar preferido. Si tienes 10 preguntas y solo 10 minutos en esa locación, ¡vas a estar en problemas! Van a tener que mudarse a otro lugar, y luego explicar el *por qué* a los videntes. *Aparta suficiente tiempo.*

HORA DEL DÍA: Tener suficiente tiempo quiere decir filmar a la *hora apropiada del día.* Cuidado con el mediodía, cuando hace calor y el sol es más intenso. Si van a estar bajo la luz brillante del sol, coloque la persona para que su cara esté en la sombra. Si es un escenario grande usa una seda extendida. O posicióna a todos en sombras uniformes.

CLIMA: El clima también puede causar estragos. Mi primera filmación en India, varias décadas atrás, se hizo en un calor abrasador de más de 43 grados. Por ende, la mayoría de las entrevistas se grabaron en exteriores, temprano en la mañana o al ponerse el sol, cuando la luz era mejor y la temperatura era más tolerable. Algunas entrevistas se hicieron en interiores, con luz de relleno. Un clima frío también puede causar problemas, tanto para el equipo como para el personal y los sujetos entrevistados.

PAUSAS: Si eres el entrevistador, fuera de la toma, (quien no se verá ni se escuchará), debes asegurar que el sujeto comprenda la necesidad de dejar pausas cortas antes y después de cada respuesta. Esas pausas permitirán espacio para editar y hacer los cortes, justo antes de las respuestas, sin que interfieran las preguntas del entrevistador.

ACOMODAR A LA PERSONA ENTREVISTADA: He trabajado a menudo con personas que nunca han sido entrevistadas. Generalmente se ponen nerviosas o temerosas. Habla con ellos, trata de complacerlos, escucha sus preocupaciones. Si tú estás tranquilo, ellos también estarán tranquilos.

CUIDADO CON LA RESPUESTA LARGA: He trabajado con muchos pastores que dan una respuesta de tres minutos cuando debería ser de solo 30 segundos. Respuestas largas son difíciles de editar, y si dejas que la persona hable y hable, has perdido control de la entrevista. Así que, antes de grabar, le digo al sujeto que necesitamos respuestas breves, de 30 a 60 segundos. También le explico que puede usar mi pregunta para empezar la respuesta, es decir, que debe usar frases completas, siempre y cuando sea posible. Y al final, si me da una buena respuesta, que es bastante larga pero tiene excelente contenido, le pido que la exprese de otro modo, tratando de hacerla más corta. Así puedo escoger entra las dos respuestas.

NIGER, ÁFRICA OCCIDENTAL

Filmar en la nación africana de Niger dio por resultado una de las más interesantes entrevistas que yo jamás haya producido.

Mi buen amigo, el Dr. Dan Lucero, era el que íbamos a entrevistar para un documental premiado, que se llamó, *Niger: Bajo la Sombrilla del Islam*. Estábamos filmando en la ciudad capital de Niamey. El amanecer en esa parte de África sucede entre las 6 y las 6:30 de la mañana, todos los días. Me encontré con Dan, a la orilla del río, cerca de nuestro hotel y empezamos a filmar a las 7 esa mañana, en "hora dorada", la mejor luz del día (como también es a la puesta del sol).

Detrás de donde estaba sentado Dan, se veían las barras de arena del río Niger. Por ser temprano, había pocas distracciones. Era tranquilo y callado, y a esa hora de la mañana, el clima era bastante fresco.

Justo cuando le hice la primera pregunta a Dan, un pescador local, que se encontraba en el encuadre de la cámara detrás del hombro de Dan, se acercó a nosotros para observar la entrevista. Estaba a una distancia de unos 30 metros. A mí me estaba preocupando que, si el pescador se mudara durante la entrevista, tendríamos que filmarla de nuevo. Mi preocupación tenía que ver con la continuidad más tarde durante la edición: primero ver al pescador en la toma, y después ya no verlo.

En lugar de moverse, el pescador se quedó sentado en su lancha, que había sido ahuecada de un tronco, en la misma posición, durante los siguientes 30 minutos, totalmente inmóvil. Se quedó quieto durante toda la entrevista, porque aparentemente tenía mucha curiosidad acerca de lo que hacíamos. Era el "extra" ideal para esa toma. Parecía que habíamos llamado a una agencia de casting y pedido un actor africano, para colocarlo perfectamente en la escena ese día.

•

LOS FUNDAMENTOS

Cuando hago entrevistas, pienso constantemente en cómo se va a editar el contenido. A través del instinto, mi experiencia con la edición, y mi preparación (conocer el tema), yo puedo saber cuando una declaración de la persona va o no va a contribuir a la historia. Si me dan tres o cuatro respuestas muy buenas, entonces tendré los elementos para editar bien la historia, sobre todo si tengo los visuales para apoyarla.

Muchas veces le digo a la persona: –Dame un buen inicio y un buen cierre. Yo me encargo de lo demás, con los otros comentarios que haces.

Y luego les doy una gran sonrisa.

PERMISOS: Aunque prefiero permisos por escrito, (lo que también prefieren los productores y los abogados) he tenido éxito con permisos que me dan verbalmente, filmados con la cámara, justo ANTES de ira a las preguntas y respuestas. Le pido al camarógrafo que empiece a filmar, y luego en voz alta y fuerte, digo la hora y la fecha de la entrevista. Luego le pido permiso al que voy a entrevistar para hacer la entrevista, le pido que deletree su nombre y que me diga su título y su oficio...y luego lanzamos la entrevista.

No me han rehusado *nunca* el permiso para hacer una entrevista si lo pido *verbalmente*. Por otro lado, si le entrego al sujeto un permiso *por escrito,* para que lo firme, a veces vacila y quiere leer todo el permiso antes de firmarlo. También he conseguido el permiso, en vídeo, de un grupo entero, grabando una toma de todo el grupo, y luego pidiéndoles permiso a todos, unánimes. Esto ha funcionado repetidas veces. Y lo bueno es que si otros editores usan el vídeo, ya tienen los permisos grabados en la cinta que les entregamos.

ULTIMA PREGUNTA: Otra táctica que uso mucho, casi al final de la entrevista, es preguntarle a la persona:

Ultima pregunta: **–Falta algo? Hay algo que no hemos comentado que le gustaría compartir?**

Inesperadamente, la persona expresará algo que guardaba en su corazón o en su mente, pero que no había comentado hasta ese punto.

En el 90% de los casos, será útil y tal vez muy valioso.

TOMAS DE APOYO: Una y otra vez, pienso en los *visuales* que van con el metraje, es decir, tomas que apoyen y mejoren la historia. Eso es, para mí, el "Mostrar y Contar". **La entrevista *cuenta* la historia. Las tomas de apoyo la *muestran*.**

Los visuales (mostrar) deben superar la narración y las entrevistas (contar). Películas, televisión y vídeo son medios VISUALES. Las palabras contribuyen información, pero las **imágenes hacen impacto**, y se recordarán mucho después de que hayan desvanecido las palabras habladas.

•

CONSEJOS PARA HACER ENTREVISTAS

1. Recuerda que muchas veces una persona te puede conectar con otros que podrían contribuir a tu historia también. Pregúntale al que estés entrevistando si conoce o puede sugerir a alguien que pudiera ser un sujeto interesante o autoridad con respecto al tema o a la historia.

2. Escoge un buen escenario. Al entrar en un salón o al examinar alguna locación, busca el fondo más apropiado para filmar la entrevista. Colocar a la persona en un lugar que realza la historia o el tema, le da mucho más valor a la producción. Un buen fondo también te ayuda a contar la historia.

3. Deja un espacio entre el sujeto y el fondo, por lo menos de uno o dos metros. A nadie le gusta ver una entrevista con un profesor casi pegado a los estantes de libros detrás de él, o a un ejecutivo parado justo en frente de una pared. El espacio le da profundidad y definición a la persona, y da lugar para iluminar y también reduce las sombras.

4. Coloca al sujeto donde no haya ventanas con luz brillante detrás de él.

5. Se puede usar la luz natural o disponible del lado, o detrás de la cámara, para iluminar la entrevista, pero ten cuidado con la mezcla de luz exterior con luz interior.

6. Usa geles azules en tus luces para compensar la luz natural, y hacer que coincidan las temperaturas de color.

7. Posicióna la cámara a nivel de o justo debajo del nivel de los ojos del sujeto.

8. Consigue el enfoque en los ojos.

9. Encuadra al sujeto en el lado izquierdo o derecho de la pantalla, o en la tercera parte de ella.

10. Si el sujeto no está haciendo una presentación a cámara con un propósito especifico, debe mirar fuera de la toma hacia el entrevistador. De esa manera, el televidente se convierte en partícipe de la entrevista, como si estuviera sentado allí con ustedes, escuchando y observando.

11. Coloca al entrevistador cerca de la cámara.

12. Trata al fondo como si fuera "elenco de apoyo", que nunca debe eclipsar al sujeto, sino complementar sus palabras y su historia.

13. En interiores, se debe iluminar más al sujeto que el fondo.

14. Sujeta el micrófono solapero en el *lado más cercano a la dirección en que la persona va a hablar.*

15. Usa cinta adhesiva para esconder cuerdas o cables de la vista.

16. Si vas a usar un micrófono dirigido, asegura que no sea visible en el encuadre.

17. Considera usar un stand de micrófono con brazo extendido para colocar el micrófono de la entrevista en una posición sólida y firme. Se debe poner una bolsa de arena en las_patas del stand para apoyo y balance.

•

TÁCTICAS DE LOS PROFESIONALES PARA ENTREVISTAS

–Desde una muy temprana edad mis padres me enseñaron la lección mas importante de mi vida: Me enseñaron a escuchar. Me enseñaron a escuchar a todo el mundo antes de formar mis opiniones. Cuando escuchas, aprendes. Eres como una esponja que absorbe y se enriquece tu vida mucho mas que cuando solo estás tratando de hacer que otros te escuchen.

- Steve Spielberg, director

–Piensa conversaciónalmente. Eres el representante de las personas que no pueden estar allí en ese lugar contigo. ¿Qué les gustaría saber a ellos, si conocieran la persona que estás entrevistando? Si usas un tono conversaciónal, la persona que entrevistas se va a relajar y conseguirás una entrevista mejor.

- Martha Cotton, Estudios Plymouth Rock

–Cuando estés dirigiendo a las personas que participan en una entrevista, trata de darles instrucciones que reemplacen lo que ya están haciendo, en vez de decir "no haga eso". Por ejemplo, un ejecutivo podría tener las manos en sus bolsillos. Si le dices, "no meta las manos en sus bolsillos", él va a enfocarse en eso, en vez de en su mensaje, y su presentación no será tan buena porque se sentirá incomodo con las manos. Por lo contrario, si le dices, –La cámara está enfocada de su cintura para arriba, así que favor de mantener las manos donde podamos ver sus gestos. Esto le da algo positivo que puede hacer para reforzar el mensaje que está presentando.

- Don Hancock, Performance Communications

–A menos que el talento en la toma pueda hablar directamente a la cámara, los sujetos deben estar mirando hacia el lado, fuera de la toma. (He visto que parece ser más auténtico escuchar, a hurtadillas, al sujeto mientras que él cuente su historia a otra persona.)

–Usa tomas de apoyo para hacer destacar la historia. Cabezas hablando son aburridas y la audiencia se adormece. Deja que lo visual intensifique el tono de la entrevista.

–Piensa en la edición cuando estás entrevistando. Es más fácil conseguir una declaración concisa que tratar de editar varias declaraciones dentro de una exposición larga y divagadora.

- Steve Taylor, Digital Espátula

–Siempre termina tus entrevistas con los siguientes dos elementos: 1. PREGUNTAR: –¿Hay algo que no le he preguntado que le gustaría compartir conmigo?

–2. GRABAR unos 60 segundos de audio (silencio), del ambiente en que estés....el "tono del salón" para usar en la edición de los segmentos de la entrevista.

- Aron Ranen, productor/instructor

–Trata de conseguir entrevistas de calidad. Buen audio, encuadre suficientemente cerca, un mínimo de distracciones. Una entrevista que se hace profesionalmente marca la diferencia entre los novatos y los profesionales en la producción de noticias. Si es posible, coloca al sujeto en frente de un fondo relacionado con la historia. Luego, solo usa las declaraciones que necesites. Las entrevistas no solo deben mover la historia hacia adelante, sino también deben captar las emociones de las personas involucradas.

–Los comentarios deben ser cortos y concisos. Eso te ayudará a recordar mejor los hechos y las emociones del evento, y podrían también ser útiles para un reportaje de noticias. Anote los nombres de las personas, deletreadas correctamente, y sus títulos, los cuales serán importantes si se usa también para noticieros. Mantén a la persona a un metro de la cámara. Si usas enfoque manual, zoom in y enfoca y luego zoom out antes de grabar. Trata de reducir el sonido ambiental todo lo posible, y recuerda que la fuente de luz debe estar detrás de la cámara.

- Stan Jeter, CBN News

–Asegúrate que todos los que aparezcan en cámara hayan firmado permisos. En el mejor de los casos, consigue permisos ANTES de empezar a grabar una entrevista, sobre todo cuando dudes que salga bien la entrevista.

- Don Swaynos, editor/cineasta

CAPÍTULO 3 REPASO: ENTREVISTAR

1. Las mejores preguntas muchas veces resultan de la respuesta anterior.
2. Si solo estás pensando en la siguiente pregunta, fracasarás como cineasta, entrevistador y comunicador.
3. Las personas te dirán casi todo lo que necesitas, si escuchas atentamente.
4. Usa las palabras Cuente, Describa, Explique, Hable de, e incluso, –Alguien me dijo que...
5. ¿Lo quieres hacer RÁPIDO o BIEN?
6. Siempre deja el sitio en tan buenas condiciones, o en mejores condiciones que lo encontraste.
7. Uno de los problemas de casi cualquier entrevista, incluyendo la que se hace con el sujeto sentado, son las *distracciones*.
8. Para filmar una entrevista en grupo, se requieren, como mínimo, dos cámaras.
9. Tener el máximo control del salón físico es esencial para el éxito de la entrevista, tanto frente a, como detrás de, la cámara.
10. Ultima pregunta: –Hay algo que falta? Algo que no hemos tratado que le gustaría compartir?
11. La entrevista *cuenta* la historia. Las tomas de apoyo la *muestran*.
12. ¿Trajiste el lente *Spinelli*?

CAPÍTULO 4: COMUNICACIÓN

Perdido en la Traducción

•

–Una amistad, yo creo, se parece mucho a un tiburón. Si no sigue avanzando constantemente, se muere. Y parece que lo que tenemos aquí es un tiburón muerto.

- Woody Allen, actor y director

(Annie Hall, 1977)

Trabajar en una filmación, un show, un segmento o un proyecto de medios tiene mucho que ver con las relaciones entre las personas. Todos trabajan juntos por la causa que tienen en común: crear una película, un programa de televisión, un documental o un vídeo de calidad.

Si no comunicas, te quedarás con un tiburón muerto.

Todo el proceso depende de trabajar en equipo y mantener las lineas de información abiertas. Aunque exista el "hombre (o mujer) orquesta" en las películas y la televisión, en la vida real siempre hay que comunicarse con los contactos clave, los otros miembros del equipo y la gente de apoyo. No importa las destrezas que tengas, las diversas habilidades de escribir, producir, dirigir, filmar, editar, actuar, narrar, manejar sonido, traer el café, sostener el micrófono boom, meter cintas, conducir el vehículo, crear las etiquetas, además de distribuir y exhibir el producto, son más de lo que una persona sola vaya o pueda lograr en cualquier proyecto dado.

Lo cual significa que el 90% del tiempo uno va a estar trabajando con otras personas. Esperamos que esas personas tengan las habilidades creativas, técnicas, dramáticas y de organización para realizar el proyecto.

Por cierto, **una producción es una colaboración**. Con un poco de todo, es un conjunto de personas que trabajan unidos, para lograr una meta artística, técnica o creativa. El propósito es producir un show, un segmento, un DVD, un documental o un comercial con la mejor coordinación y producción, y los mejores esfuerzos y acciones.

A veces ese trabajo es para una red, una agencia, un cliente o una compañía. Los clientes y los jefes tienen grandes expectativas, metas y requisitos, porque están financiando el proyecto o proveyendo la visión para el contenido y la entrega del mismo. A fin de cuentas, es el mensaje, producto o marca de ellos que se va a interpretar a través de los medios. Entonces tendrán requisitos profesionales, y con mucha razón.

Ya que una producción es una colaboración, el proceso creativo requiere comunicación clara. Esto implica asegurar que todos estén totalmente de acuerdo con el plan, aunque se harán cambios apropiados sobre la marcha. Hay muchas ocasiones cuando la mayoría no está en la misma onda, y es entonces que se despiden a productores, se reemplazan a directores, un cinematógrafo enfadado se marcha o un actor de mal humor se queda en su camerino.

Tales cosas se llaman diferencias creativas. Y los conflictos interpersonales son legendarios en el mundo de películas y televisión. Y bien pueden ocurrir en tus producciones también.

Pero este capítulo no tiene que ver con las diferencias creativas. Tiene que ver con la comunicación: asegurar que todos los que participan estén remando simultáneamente, con el ritmo apropiado, avanzando rumbo al sitio correcto.

Comunicar tiene que ver con decisiones tomadas a tiempo, planes firmes, metas alcanzables, intenciones genuinas y acciones claras que han sido adecuadamente articuladas antes, durante y después de la filmación o proyecto.

Comunicación clara es imprescindible desde la primera idea hasta la entrega final. Muy a menudo, la falta de comunicación resulta en el fracaso de cantidades de proyectos de medios. Y desafortunadamente, el fracaso es inevitable cuando las personas se niegan a llamar, enviar correos o expresar sus opiniones durante el proceso del proyecto.

Aparte de las finanzas y el ego, no hay nada que puede destruir una filmación como la falta de comunicación clara y directa. En mi experiencia, la falta de comunicación ha sido el "aguijón en la carne" que ha causado más dolor, con proyectos grandes o pequeños, como contratista independiente (freelancer) o con un equipo.

Enfrenta el problema de la comunicación, sé coherente, constante y claro con el flujo de información y responsabilidades, y tu próxima filmación fluirá de una manera más exitosa y más fácil.

•

MALAWI, ÁFRICA DEL ESTE

Hace años, en África, observé que Bart Gavigan, un experto director y escritor de Inglaterra, mostró, por su excelente ejemplo, precisamente lo que debe ser una buena y apropiada comunicación entre el director y su equipo.

Gavigan y yo estábamos filmando en el mismo evento evangelístico con Reinhard Bonnke, el conocido, dinámico e inspirado orador alemán, en Blantyre, un pueblo sureño de Malawi. Cada noche, el gentío africano iba aumentando a tal punto que el último día, un domingo, había más de 150.000 personas reunidas en un gran campo abierto.

Nuestro pequeño equipo de televisión tenía la tarea de cubrir los mensajes para difusión, en forma de serie, en los Estados Unidos. Debido al factor económico y las condiciones locales, tuvimos que hacer la filmación con solo dos cámaras. Al mismo tiempo, Bart y su equipo europeo, con unos seis o siete miembros, estaban filmando, por separado, un proyecto de DVD bastante desafiante, en el mismo evento. El proyecto de ellos consistía en dos partes, un vídeo de enseñanza, y uno promocional, basado en el ministerio del evangelista Bonnke. El grupo de Bart había traído su propio equipo digital, y durante el curso de la semana estaban filmando varios segmentos especiales adicionales, tanto fuera de la tarima como en la ciudad.

El grupo entero, los del show para televisión, los del proyecto de DVD y el personal del evento, estábamos hospedados en el mismo hotel en el centro de Blantyre. Al final del día, mientras que mis colegas Darío, Alan, Derek y yo cenábamos en el restaurante, los del equipo de Bart se encontraban sentados en unas mesas cercanas. Cada noche, al terminar de cenar, Bart pasaba 15 o 20 minutos con su equipo, revisando lo que se había logrado ese día. El equipo comentaba sobre lo que había funcionado y lo que no funcionó o lo que se podía mejorar. Sin importar su posición o papel, a cada miembro del equipo se le dio la libertad de expresarse. A veces los asuntos que discutían tenían que ver con equipo, o el estilo de filmar que sería apropiado para la filmación del día siguiente.

De una manera agradable, Bart seguía haciendo preguntas, dando retroalimentación, haciendo ajustes, y luego informando al grupo acerca de las personas que entrevistarían el día siguiente, y las tomas que debían captar, y así siguió durante la semana. También comentaba sobre los horarios y sobre cualquier detalle de producción o logística que pudiera ser problemático o que se debía clarificar.

Al observarlo y escucharlo cada noche, yo me di cuenta de que Bart estaba realizando, de manera experta, lo que la industria de medios a veces llama un "post mortem", es decir una reunión al final del día (o del proyecto) para dialogar y evaluar lo que funcionó, lo que falló o lo que se podría mejorar.

Ese tipo de evaluación es una oportunidad para que los participantes, tanto los de mayor como los de menor importancia, se junten y tengan un foro abierto y apropiado, para recibir instrucciones, hacer preguntas, escuchar consejos e incluso para desahogarse.

***Las evaluaciones* deben formar parte esencial de toda producción: punto final.**

¿Por qué? Porque esas reuniones ofrecen una oportunidad para que todos, el personal, los camarógrafos, los directores, el talento, y los creativos, conozcan, hablen y participen en el proceso del proyecto.

•

LA COMUNICACIÓN

El arte y la ciencia de la comunicación es mucho mas fácil en la época digital que lo que era en los años '70, cuando muchos de nosotros empezamos. Solo tener un buen teléfono celular elimina mucha confusión y permite dialogar y ponerse al día constantemente.

En los "días de antaño" había solo tres maneras de mantenerse en contacto: cara a cara, por correo o por teléfono. No había más. Nos quedamos encantados cuando se inventó la maquina fax, por solo poder transmitir inmediatamente las paginas de un presupuesto, un acuerdo, un guión, una nota o un documento, atravesando fronteras, y el mundo entero, reduciendo el tiempo de preparación y acelerando el flujo de información, negociación y consenso.

Las computadoras de hoy, el internet, texting y los teléfonos celulares han cambiado esa dinámica en gran manera; ahora la comunicación ocurre en segundos, en vez de horas, días, semanas o meses. Sin embargo, la comunicación sigue siendo un problema pantanoso para demasiadas producciones. ¿Por qué? Porque a veces las personas realmente no *se hablan*, y es algo que incluye a todos, desde el productor hasta el asistente de producción.

Pero hay otras áreas donde las faltas de comunicación van más allá de la logística en sí. Son las que rara vez se enfrentan, y que pueden llegar a ser fatales: **expectativas no expresadas, definiciones de roles sin definirse y metas ocultas.**

•

EL CONGO, ÁFRICA CENTRAL

Hace años, yo produje, dirigí y filmé un proyecto muy complicado en la nación africana del Congo. Era un ambicioso proyecto de construcción, que contaba con más de setenta voluntarios de iglesias norteamericanas, los cuales habían pagado sus propios pasajes a la ciudad capital de Kinshasa. Durante tres semanas de intenso trabajo, aquel gran equipo construyó una iglesia, una clínica médica y una escuela primaria en un campo abierto.

Eran personas comprometidas, dispuestas a trabajar, que deseaban hacer algo de valor, al meter la mano para una causa que valía la pena, la de suplir ayuda espiritual, médica y educativa a la gente necesitada.

Me asignaron la tarea de director y camarógrafo para el proyecto de vídeo, y me tocaba documentar, bloque tras bloque, el trabajo de construcción que hiciera el grupo. Filmé bastantes tomas de la construcción, hice entrevistas, y cubrí el proyecto desde la instalación del fundamento hasta que alzaron el techo. Luego emprendimos el viaje, largo y cansado, de regreso a los Estados Unidos, todos bien apretados en un pequeño jet Sabena.

El cliente que me había contratado profesionalmente y que me había pagado por el trabajo que iba a hacer, había indicado desde el principio que su objetivo para este vídeo era reclutar más voluntarios. Su visión era conseguir decenas de personas comprometidas (como los setenta voluntarios con quienes habíamos viajado) para construir más iglesias, escuelas y clínicas por todo el continente africano, y para ayudar también a otros países en vías de desarrollo.

Basado en las intenciones que el había expresado, yo recalqué la importancia de ser un voluntario a través de la filmación, el guión y la edición final del vídeo. La narración explicaba que construir para los más necesitados no solo vale la pena, sino que también es inspirador y puede impactar tanto al voluntario como al que recibe ayuda. Las entrevistas en el sitio de construcción expresaban el gozo y la motivación de ensuciarse las manos y ser de ayuda.

Cuando estaba casi terminado el vídeo, lo mostré al cliente y le pedí que hiciera los ajustes al guión que quisiera y que me diera cualquier sugerencia adicional. Mi sentir era que habíamos realizado bien la tarea y que este sería un vídeo muy inspirador y motivador.

El proyecto finalizado resultó ser un segmento muy bueno de diez a doce minutos de largo, producido a un precio razonable. Al entregar el vídeo, empecé a trabajar en otros proyectos de medios, creyendo que había cumplido con los objetivos expresados, y que el cliente estaría muy complacido.

Unas semanas después, contacté al cliente para preguntarle como había resultado un estreno preliminar del vídeo (antes de la duplicación y distribución del mismo). El cliente lo había mostrado a un importante líder de su iglesia, un hombre de influencia y también un buen amigo personal suyo, deseando su reacción, retroalimentación y consejo. Después de verlo, aquel líder le dijo a mi cliente, –Bonito vídeo, pero nunca servirá para levantar fondos.

Mi cliente estaba muy molesto al saber que su vídeo, uno que se enfocaba en reclutar a voluntarios, no iba a ser una fuente lucrativa de donaciones también.

¿Por qué no? Porque el nunca indicó, en nuestras conversaciones, ni en ningún momento durante el proceso de la producción, que la meta adicional de su vídeo era *levantar fondos.* Durante los dos meses que trabajamos en el proyecto, desde la idea naciente hasta hacer el viaje, la filmación, la creación del guión, la edición inicial y aun la edición final, el cliente no expresó nunca su deseo de levantar fondos con el vídeo.

Frustrado, y un poco aturdido, le expliqué la situación pausadamente, expresando mi decepción por la falta de comunicación, pero de nada sirvió. Porque él estaba convencido de que yo debía haber discernido, por medio de osmosis o la habilidad síquica de leer su mente, que su meta final era levantar fondos. Al fin y al cabo, el cliente se puso al lado del líder de la iglesia, quien *tenia razón* al concluir que el vídeo no iba a dar en el blanco que el esperaba.

El vídeo logró muy poco, no resultó, fue un fracaso fatal. El gasto de dinero para editar en una sala de edición impresionante de Hollywood fue un desperdicio total, y no logró el resultado deseado. Mi reputación profesional sufrió bastante, solo por culpa de la falta de comunicación del cliente.

Como dice el dicho –**El éxito tiene muchos padres. Pero el fracaso es huérfano.**

•

DESEOS Y METAS

Ahora, por supuesto, soy mayor y un poco más sabio. ¿Sabes cómo manejaría yo ahora ese vídeo de la construcción de una iglesia africana? ¿Sabes lo que pregunto ahora a mis clientes cuando tenemos esa reunión preliminar para establecer las metas básicas y para determinar la naturaleza de su proyecto?

Ahora le pregunto al cliente:

- ¿Qué quiere usted que se logre con este proyecto?
- Cuando terminen de ver el vídeo, ¿qué deben pensar, sentir o hacer los videntes?
- ¿Cómo debe reaccionar el televidente? ¿Llorar? ¿Aplaudir? ¿Sentirse abrumado? ¿Sentirse bien informado?
- ¿Deberá el televidente escribir una carta, llamar, enviar un correo electrónico, ofrecerse como voluntario, entrar a un sitio web?
- ¿Deberá hacer una donación, regalar algo o emprender un viaje?

Al contestar (o no contestar) el cliente estas preguntas (porque al principio las cosas no siempre son muy claras) nosotros nos aseguramos de tener POR ESCRITO sus metas.

De vez en cuando, al desenvolverse el proyecto, volvemos a esas metas y deseos expresados. Después, al acercarse el final del proyecto, cuando las cosas se pueden poner tensas y complicadas, y todos solo quieren terminar la filmación, esos objetivos escritos desde el principio se vuelven muy importantes.

El plan es seguir volviendo a esas metas, para asegurar que todos estén en la misma onda.

Comunicar reduce las sorpresas, disminuye las frustraciones y aclara la confusión y los malentendidos.

De hecho, la buena comunicación muchas veces anticipa las sorpresas antes de que aparezcan.

•

REUNIÓN DE PREPARACIÓN

Durante los años 80 y 90, yo recorría el mundo con frecuencia, pasaba hasta tres meses del año fuera del hogar, y volaba unos 160 mil kilómetros por año. Durante la producción de la serie documental *Los Pueblos No Alcanzados*, contraté a cuatro camarógrafos en un período de cuatro años: Steve, Randy, Jimmy y Sergio.

Antes de contratar a cada uno de estos camarógrafos para una serie de producciones y viajes sumamente largos, yo me reunía con ellos, almorzábamos y hablábamos de lo que se podía esperar en nuestros viajes a Europa, Asia, América latina o África.

Yo los estaba preparando para la tarea por delante. El almuerzo exploratorio formaba parte de un proceso de buena comunicación: cara a cara, durante una hora o dos, pude explicarles los propósitos de las tomas que haríamos, algo sobre los clientes, las posibles entrevistas, el clima y las condiciones de la filmación, la logística, los itinerarios, el equipo, los hoteles, las comidas, los viáticos, transporte...una cantidad de detalles pequeños, pero importantes. Durante esos cuatro años, nos encontramos con muy pocos problemas en nuestros proyectos, porque la mayoría de las cuestiones que surgieron ya se habían explorado durante ese primer almuerzo. El equipo y el director estaban casi siempre en la misma página, lo cual es críticamente importante.

Lo que también aprendí, de esas primeras reuniones con mi equipo, es que una llamada telefónica tiene sus límites. Hoy, mandar un correo electrónico es bueno para empezar, pero no hay nada que pueda reemplazar una reunión cara a cara donde se comparte un café o una comida. Si no es posible, por razón de horarios o logística, entonces algún tipo de reunión, aún por teléfono con altoparlante, con todos los participantes conectados, donde se puede discutir a fondo todas las posibles cuestiones problemáticas, es esencial, desde el inicio.

Comuníquense *antes* de la filmación o incluso, antes de la salida al aeropuerto.

Explica las metas, expectativas y cualquier otro objetivo logístico antes de que empiece la producción. Comunica cuales son los papeles de cada uno y las definiciones de los mismos, el estilo de filmación, las entrevistas, las tomas de apoyo, quien va a hacer que. Muy a menudo, se compran boletos de avión, se hacen las maletas, se consigue el equipo y todos salen a la filmación. Es entonces, demasiadas veces, cuando apenas empieza la verdadera comunicación, sea en la puerta del aeropuerto o ya durante la producción en sí. A menos que los miembros de un equipo hayan trabajado juntos sin problemas durante muchos años, la falta de comunicación por adelantado, puede convertirse en un desastre.

En mi experiencia, **la comunicación *por adelantado* siempre es muchísimo mejor que la comunicación cuando es *demasiado tarde*.**

•

CONSEJOS PARA LA COMUNICACIÓN

1. **Cuando sea posible, comunica malas noticias en persona, por teléfono o cara a cara.** La manera en que expreses lo *negativo* revela la integridad y el carácter que posees. Decir que *sí* es fácil, decir que *no* es difícil, y muchas veces lo evitamos por miedo y nuestras expectativas negativas. A menos que la persona esté en Tajikistán y no se le puede contactar, llámale por teléfono o reúnanse para comunicarle las malas noticias. Así la persona puede escuchar tu voz, comprender mejor lo que quieres decir y hacer preguntas de seguimiento que traerán claridad y finalidad a la situación. Actúa profesionalmente y de una manera genuinamente amable. Recurrir a un correo electrónico, o un mensaje de texto, ha llegado a ser la forma fácil, informal e insincera, pero no es la forma correcta de comunicación.

2. **Acuerdos en forma de un memorándum**, generalmente de una sola página, sirven para contratar a gente que participará en tu filmación o proyecto. Al definir el papel de la persona, los sueldos, como se cubrirán los gastos secundarios y los días específicos de trabajo, se disminuyen los malentendidos y la confusión.

3. **Si es una filmación sencilla, aun si es contratada por teléfono, confírmala con un correo electrónico (o si fuera necesario, con mensaje de texto).**

4. **Sé claro con el personal, el equipo fílmico y el talento, en cuanto a la duración estimada de la filmación.** Tratar de completar a la fuerza, una filmación de dos días en un solo día, significa una falta de planificación y una producción mediocre. Si esperas tener un día de producción muy largo, avísales de antemano a todos para que puedan estar preparados. Es un detalle que se llama cortesía.

5. **Nunca escribas en un email lo que no estarías dispuesto a decir en público**. Deja las palabras y opiniones negativas para conversaciones personales. En el momento de *enviar* tu correo electrónico, ya está fuera de tu control para siempre, volando por el ciber espacio. No tienes idea de quien recibirá tu correo, más allá de los que originalmente lo hayan recibido, ni sabes cómo los demás lo vayan a interpretar o usar. **Tus palabras escritas existirán eternamente, y podrán regresar más tarde para dañarte a ti y a tu reputación profesional.**

6. Mucho cuidado con **lo que pongas en un sitio de red social.** Si quieres presentarte como un profesional, no pongas fotos inapropiadas o escandalosas en tu página de *MySpace* o *Facebook*, las cuales podrían fácilmente socavar tu carrera. Hacer comentarios negativos en *Twitter* acerca de la filmación "loca" que estás haciendo en ese momento, puede tener repercusiones fatales para ti profesionalmente. Cuidado con lo que escribas o pongas o comentes en un sitio público.

7. **Responde a tus mensajes y correos puntualmente.** Dentro de 24 horas, cuando son correos de negocio o mensajes telefónicos, y aun el mismo día si fuera posible. Dentro de 48 horas si son correos personales.

8. **Si has prometido una respuesta a cierta hora o en un día específico, y no puedes cumplir con esa promesa, contacta a la persona**. Dile lo que sabes hasta ahora, y cuándo

esperas tener la respuesta. Generalmente te agradecerá por haber tomado el tiempo para avisarle.

•

TÁCTICAS DE COMUNICACIÓN DE LOS PROFESIONALES

–Siempre hazte la pregunta: ¿Qué sé yo y quién lo debe saber? Nada puede estropear una filmación tanto como un embotellamiento en el flujo de la información.

- Lisa Swain, profesora de filmación, Biola University

–Con tu gente...háblales de tu filosofía y de la estrategia antes de salir. ¡Todos en la misma pagina!

- Steve Taylor, Digital Espátula

–Si echas a perder una toma, déjales saber a todos; es más difícil corregirla después, cuando todos ya se han ido...

- Derek Murray, Cfan

CAPÍTULO 4 REPASO: COMUNICACIÓN

1. Si no comunicas, te quedarás con un "tiburón muerto".
2. La producción es una colaboración.
3. Comunicación clara es un requisito desde la primera idea hasta la entrega final.
4. *Las evaluaciones* son esenciales en cualquier producción – punto final.
5. Cuidado con las expectativas no expresadas, papeles no definidos, y metas ocultas.
6. El éxito tiene muchos padres. Pero el fracaso es huérfano.
7. Comunicar reduce las sorpresas, disminuye la frustración y aclara las confusiones o malentendidos.
8. Comuníquense *antes* de la filmación o incluso antes de la salida al aeropuerto.
9. Comunicar *por adelantado* es muchísimo mejor que comunicar *demasiado tarde.*

CAPÍTULO 5: SER DIRECTOR

Dirigir el Tránsito

•

–Cualquiera puede dirigir una película, siempre y cuando conozca lo fundamental. Dirigir no es un misterio, no es un arte. Lo esencial de dirigir es: fotografiar los ojos de las personas.

- John Ford, director legendario

(Stagecoach, The Quiet Man, The Grapes of Wrath)

En muchos aspectos, lo que dice John Ford es que el papel de director no es una tarea muy difícil, ni es muy complicado cumplir con ella. Claro que requiere inteligencia, creatividad y conocimiento. Uno tiene que poseer las habilidades tanto de liderar un equipo como de expresar su visión, porque son los elementos esenciales para filmar, guiar y completar un proyecto.

Nunca subestimes la importancia de interactuar amablemente con la gente, incluso con las personas que se entrevistan. Es algo sumamente importante, porque los directores (y para el caso, cualquier otra persona) no pueden darse el lujo de hacer berrinches rabiosos o de ser desagradables y difíciles al trabajar con los demás.

Se requiere de los directores que se comuniquen con muchas personas, desde el asistente de iluminación hasta el actor mejor pagado. Y deben tener un concepto de la historia en su totalidad, de principio a fin, desde el inicio hasta el cierre. Desde la preparación hasta la posproducción. A la larga, es la tarea y la responsabilidad del director llenar la pantalla con imágenes y sonidos que atraen, inspiran, entretienen, informan o provocan. Pero en el fondo, las realidades prácticas de la producción son las que constantemente se tienen que balancear con las sensibilidades artísticas.

El papel del director, vale notarse, varía mucho con la forma de narración que se está filmando, sea esta *ficción* o *noficción.* (A veces puede ser una combinación de las dos). Por ejemplo, un director cinematográfico que está trabajando en el área de ficción, trabaja desde un bosquejo, que es el *guión de la película*. Tal documento guía el proceso de la filmación, pero es también la visión artística del director (el arreglo de las imágenes, las tomas que elige, la posición de la cámara, el casting y el diseño) y la interpretación de ese guión (junto con las actuaciones dramáticas) que, a la larga, dan forma a la película. La categoría cinemática realmente no importa, sea Independiente, Hollywood, Art House, Bollywood o Third Cinema (liberación).

A menos que la categoría sea experimental, donde la improvisación y largas tomas inéditas son los ingredientes esenciales, las películas de ficción dependen ante todo de los guiones.

Por el contrario, al contar historias de noficción, la tarea del director requiere ciertas destrezas de exploración que son distintas, en cierto sentido, de su homólogo de ficción. El director del documental o de noficción trabaja a menudo, aunque no siempre, con novatos ante la cámara. Durante todo el proceso de la producción, las tareas del director incluyen hacer preguntas, manejar entrevistas y seleccionar tomas de apoyo para ilustrar la palabra hablada y para mejorar la historia.

A veces el director es también el cinematógrafo, lo cual es muy raro en obras de ficción (salvo las películas independientes de bajo presupuesto). Es posible que haya recreaciones, gráficos, fotos, metraje comprado o donado y efectos especiales, tanto visuales como acústicos. A mi parecer, la noficción tiene una más amplia extensión de estilos y posibilidades que la ficción narrativa, porque la variedad de géneros (deportes, biografía, noticias, ciencia, música, política, naturaleza, etc.) es casi sin límite.

El proceso de filmar es una evolución continua, con sus vueltas y revueltas basadas en lo que los contribuyentes, en el camino, sugieran, suplan o declaren. Tal vez habrá más entrevistas que filmar, elementos adicionales de la historia que se tomarán en cuenta, con detalles e información que tal vez aparezcan más tarde en el horario de la producción.

De muchas maneras, **la noficción va añadiendo capas a la historia, porque la forma en sí es un trayecto que se tiene que recorrer, una obra en progreso.** Documentales, como hemos visto, a menudo son orgánicos, en el sentido de que se van cultivando en el invernadero de la preparación y la producción, desarrollándose y formándose con el tiempo.

Hay excepciones a esta regla orgánica. Por ejemplo, un *vídeo empresarial* tal vez requiera un guión específico, porque la empresa, o la organización, tienen ciertas metas que cumplir. *Comerciales* y segmentos *promocionales* requieren guiones firmes también, porque hay factores de tiempo (30 segundos/ 60 segundos) y formulas de respuesta que se deben tomar en cuenta. El tiempo en la pantalla es muy valioso.

Sin embargo, los directores de la noficción siempre trabajan con gente, tanto frente a, como detrás de, la cámara. Pero los que están frente a la cámara casi nunca actúan, sino mas bien cuentan parte de la historia total. Es el papel del sujeto expresar sus opiniones acerca de un tema, o contribuir un relato como testigo de un evento, una persona, o un lugar. Se les puede entrevistar para contar su historia específica o el trasfondo que ayuda a definir la narración más claramente.

La parte de esa historia que se presentará en el programa final depende de la creatividad, visión, juicio y sensibilidad del director, y las fortalezas o debilidades de los sujetos que se entrevistan.

Si hay un guión, junto con investigación (si de alguna manera fuera posible) y ese guión cambia, al grabar las entrevistas, se puede investigar nuevos elementos y explorar nuevos temas. Pero cuando un guión completo no existe, una lista de tomas es algo con que se puede comenzar. Una lista de tomas es muchas veces más que suficiente para crear temas individuales y secuencias de historias que se intercalarán al final. (Ojalá.)

De todos los papeles creativos, administrativos y técnicos que me ha tocado desempeñar en los medios de película y televisión (productor, guionista, camarógrafo, técnico de sonido, administrador), el de *dirigir* es el que me da el mayor gozo y la mayor satisfacción. Especialmente cuando trabajo con gente que admiro y respeto para un show, una historia o en un lugar que me interesa, y con una audiencia.

La tarea de director utiliza mi creatividad y habilidad artística, me desafía en cuanto a flexibilidad y adaptabilidad, me exige tomar decisiones claves que tienen que ver con horarios, presupuesto, iluminación, sonido, locaciones y las opciones de las tomas. Y me toca trabajar, cara a cara con gente inteligente, interesante y maravillosa, mientras los filmamos, muchas veces sacando de ellos comentarios o actuaciones singulares. Eso es constantemente satisfaciente y gratificante, sea al otro lado del mundo, o en otro lado de la ciudad.

Dirigir requiere trabajo arduo, pero también es divertido.

•

HAITÍ

Hasta la fecha, la más difícil filmación que jamas haya dirigido ocurrió en Haití. Al último momento, me contrató una respetada empresa de producción de Hollywood, como suplente de otro director, para filmar unos rituales del vudú. El segmento formaría parte de un especial televisivo de dos horas, el cual salió en la red *Arts & Entertainment* en los años 90.

Cogí mi maleta, mis apuntes y los libros sobre el vudú que me habían mandado, y salí para Miami, apenas tres días después de recibir una llamada del productor ejecutivo. El próximo día aterricé en la ciudad calurosa de Puerto Príncipe, Haití, que se podría llamar el África del Caribe, por la pobreza y las condiciones desesperantes.

Haití, sin embargo, goza de una belleza natural en las áreas rurales, aunque en realidad, el país ha sido entregado al diablo – literalmente. Se dice en Haiti que el país es 90% católico, pero 100% vudú. Créalo, porque es cierto.

Mi tarea era acompañar a un pequeño grupo de africano-americanos que creían en el vudú y habían viajado a Haiti desde los Estados Unidos. La misión de ellos era buscar hierbas sagradas, visitar las casas redondas de adoración (casas cónicas) y viajar hasta una catarata mística para hacer rituales de fertilidad. Para cubrir todo esto, la compañía de producción en Los Angeles había contratado al equipo local haitiano de CNN News, un camarógrafo independiente y un técnico de sonido. Estos formaban mi equipo (un buen equipo, por cierto) para la semana de filmación.

El reto mas grande que enfrenté, al llegar como director de campo, (y es aquí donde se ve la dificultad de dirigir proyectos de noficción), fue que yo no era ni conocido ni respetado por los practicantes norteamericanos del vudú. Yo estaba reemplazando a la productora, a quien ellos ya conocían y apreciaban, y en quien confiaban. Ella les había conocido anteriormente, mientras filmaba y producía un segmento en el centro religioso de ellos en los Estados Unidos. Al último momento, surgió una emergencia, y por ende, me llamaron a mí, me orientaron y salí para el aeropuerto.

Por ser yo el nuevo y desconocido, la desconfianza en mi infundía al grupo entero, el cual se mostró demasiado reservado y paranoico desde el inicio. Todas las mañanas, los diez miembros del grupo, vestidos todos de blanco, iban a comprar hierbas en el mercado local de la ciudad capital, y luego, mientras cantaban y coreaban, machacaban las hierbas para hacer pociones, en el patio del hotel, una tarea que se les exigía como parte de sus deberes.

La que dirigía esta banda vudú era la “mambo”, su líder espiritual y la sacerdotisa, una mujer africana-americana, también vestida de blanco. Se llamaba Angélá y ejercía control espiritual total sobre sus devotos. Angélá no se levantaba antes de las 10 de la mañana, todos los días, y no aparecía hasta después de maquillarse para las entrevistas y las tomas de la producción. Su tardanza, sobre la cual nadie podía decir nada, fue otro contratiempo en nuestro atascado horario de producción.

Lo que decía la mambo era la última palabra. Sus secuaces cumplían fielmente con sus mandatos. Y yo, como director de campo, luchaba constantemente con ella en cuanto a la dirección de la filmación y el horario intensivo que nos tocaba.

Por ejemplo, ella descubrió que nuestros camarógrafos habían filmado la preparación de las pociones de hierbas, algo que se hizo una mañana cuando ella estaba dormida. Inmediatamente me obligó a entregarle esa cinta grabada. Me dijo que a ella no le habían informado de aquel segmento, y la razón por la cual nos pidió la cinta era que las hierbas que habíamos filmado eran sagradas y secretas, y no se podían divulgar en la televisión. –Entréganos la cinta...o se cancelará la filmación. (Aunque creíamos que habíamos conseguido el permiso, de antemano, para filmar el proceso de las hierbas). No nos quedaba otra opción, le dimos la cinta, que, gracias a Dios, solo tenía grabada la ceremonia de las pociones.

Las finanzas eran un problema constante, ya que se tenía que pagar una cuota de producción al grupo de ella. Yo les había traído un cheque para la cantidad que se había acordado con la compañía de producción (antes de que me incluyeran a mi). Pero ademas de ese pago inicial, todos los días, la mambo o algún otro líder, nos pedía dinero adicional para alguna ceremonia o ritual nuevo de vudú que el grupo estaba dispuesto a realizar. Una de estas propuestas era el sacrificio de un toro vivo ante la cámara, y aquel ritual solo nos costaría $5000 dólares. Claro que el sacerdote local necesitaría unos días para conseguir y preparar el gran animal. Yo pedí disculpas al negarlo, ya que la compañía de producción tenía un presupuesto limitado y yo no tenía $5000 dólares en ese momento.

A diferentes horas durante el día, el horario se atrasaba o se cambiaba debido a los caprichos o deseos de la mambo. Yo hacía sugerencias para mantener en marcha el horario, tomando en cuenta el tiempo disponible, pero siempre había que seguir cualquier plan que yo lograba negociar con Angélá. Después de todo, aparte de los segmentos que acordamos en grabar, nos mantuvimos separados durante nuestra estadía en el mismo hotel, La Montana, situado al lado de un monte con vista de la ciudad.

Cada detalle fue difícil. Cada montaje y cada filmación exigían excelentes cualidades de negociación interpersonal, además de muchísima paciencia y amabilidad. Nunca he tenido que luchar tanto para solo lograr que los sujetos se entrevistaran, y luego esperar, sin frustrarme, que se alistaran, y al mismo tiempo comprender y anticipar lo que sucedería después. Mi tarea profesional no tenía mucho que ver con la estética de la filmación, ni las teorías de montaje, ni la posición artística de la cámara.

Solo se trataba de intentar completar una filmación sumamente difícil, en una calurosa isla lejana, con gente muy extraña.

Al final, logramos grabar, con éxito, dos buenos segmentos importantes, y los dos resultaron ser impresionantes.

En primer lugar, en horas tardes de la noche, grabamos una ceremonia estridente, al que asistieron los miembros del grupo. Era una impresionante fiesta vudú, en una casa cónica, en las afueras de Puerto Príncipe. Como si fuera una escena de la revista *National Geographic*, fue un colorido torbellino de tambores palpitantes, emborrachamiento, danzas energéticas, salmodias monótonas, veneración de demonios y posesión espiritual.

Como parte de sus creencias animistas, los practicantes del vudú invitan a las loas (espíritus) a poseerlos y tomar control de sus cuerpos. Cuando esto sucede, y créame que esto no fue ningún show, los ojos se vuelven blancos y los cuerpos empiezan a girar, menear y agitarse intensamente. El proceso puede continuar por unos minutos o incluso varias horas, hasta que, a cierto punto, los espíritus los abandonan, y estos practicantes vuelven de nuevo al mundo que les rodea.

Nuestro equipo y yo lo captamos todo, todo lo que vimos moverse, aunque se hizo totalmente al azar. No había ningún plan, en cuanto a quién haría qué cosa, ni cuándo, ni dónde, ni cómo. Bienvenido al mundo de inventarlo todo sobre la marcha.

Mi equipo terminó la parte nuestra de la filmación a la medianoche. Por razones del horario, no nos quedamos hasta el final, ya que tendríamos que pagar las horas extraordinarias al equipo si nos hubiéramos quedado mas tiempo. Supimos al día siguiente que el grupo de vudú continuó casi toda la noche, terminando a las 4 de la madrugada. Esto resultó ser potente material, tanto en lo visual como en el audio, y era exactamente lo que la compañía de producción me había enviado a grabar. Estas ritualísticas secuencias espirituales, de música y danza africana, funcionaron muy bien en el programa final para el canal televisivo A&E (Artes y Entretenimiento).

El segundo segmento fue mucho más problemático en cuanto a logística, porque incluía un viaje difícil a una catarata famosa llamada

"Saut d'Eau", en las montañas verdes afuera de la ciudad de Puerto Príncipe. La travesía difícil en un vehículo 4x4 se hizo con el objetivo de realizar homenaje en las cataratas, pero también para que la esposa de uno de los practicantes se bañara en las aguas. La mujer no había podido concebir y el viaje a las aguas tenía como propósito curar su infertilidad.

Recorrer en carro unos 30 kilómetros, por los caminos sinuosos del monte, nos llevó casi tres horas, debido a las condiciones del terreno. Al llegar a una aldea, los practicantes encendieron velas en la iglesia católica local, y luego se dirigieron hacia la catarata. Durante las siguientes horas, captamos varias tomas del grupo bañadores en las aguas, y finalmente a la mujer sumergiéndose en las pozas que se formaban de las cascadas de la catarata.

En ese momento, las cosas se volvieron bastante descontroladas. Por medio de salmodias y cantos, logró evocar las loas del agua y empezó a serpentear en las pozas de la cascada, poniendo los ojos en blanco. Otros del grupo llegaron a rescatarla cuando estaba a punto de ahogarse, contorciéndose en el agua con la boca abierta. Nuestro camarógrafo lo captó todo, mientras que yo, descalzo, le asistía. Los dos nos subimos los pantalones y nos metimos al agua para conseguir tomas muy de cerca y varias tomas a mano. La secuencia entera salió en la edición final y resultó ser vídeo espiritista asustadizo.

Al final, nosotros como equipo, y yo como director, nos quedamos exhaustos. Los desafíos físicos, logísticos y espirituales fueron dificilísimos y agotadores. Y los retos emocionales de negociar cada detalle, de principio a fin, con la mambo, Angélá, también me dejó rendido.

Al terminar la producción, salimos para el aeropuerto, rumbo a Miami y Los Angeles, totalmente agotados profesional y personalmente. Dirigir en el campo aquella filmación de vudú, requirió hasta la última gota de mi paciencia, tenacidad y perseverancia. A fin de cuentas, las tomas fueron fáciles, porque yo tenía un gran equipo con experiencia. Fue la gente y el proceso que realmente me desafiaron.

Bienvenido al mundo de dirigir.

•

LA RESPONSABILIDAD DEL DIRECTOR

¿Incluye el papel de director el tiempo que requieren la edición, o los cambios al guión, o la formación de una lista de tomas? Sí. ¿Son críticos la iluminación y el aspecto en general? Por supuesto. Todo lo que hace el director – la negociación, la creatividad, la toma de decisiones, la colocación de la cámara, la selección de actores, el desarrollo de la historia, los aspectos técnicos, la comunicación, la colaboración con el equipo, los productores y el talento – todo está incluido.

Pero un gran porcentaje del trabajo del director tiene que ver con las habilidades expertas que se requieren para trabajar eficazmente con personas de todos tipos, de arriba para abajo, (así como lo tuve que hacer yo en Haití).

Mejora tus facultades de interactuar con gente y de tomar decisiones, y estarás encaminado hacia el éxito en tus proyectos de película, televisión y vídeo.

•

HOLLYWOOD, CA

Hace años, mi amigo y colega de producción, Brad Fuss, me contrató para filmar un segmento "tras bambalinas" en un estudio, con el cantante David Bowie, para el programa *En Concierto* de la red ABC. El destacado cantante de rock estaba filmando un vídeo musical para uno de sus álbumes nuevos. Nuestro pequeño equipo llegó una mañana a *Hollywood Center Estudios* en California. El set de Bowie ya estaba iluminado bellamente, con los camarógrafos y las cámaras en sus lugares, y todos los actores vestidos y listos. Cuando llegamos, el equipo de producción entero estaba a punto de empezar la filmación del día.

Mientras filmábamos la parte tras bambalinas, me asombró ver como cada detalle del vídeo musical había sido tan bien planificado, programado y luego realizado en el gran set de Bowie. Eran las 9 de la mañana y ya estaban avanzando en la producción física, a una hora muy temprana para un vídeo musical. El equipo de filmación estaba utilizando cinco cámaras Arriflex de 35mm, incluyendo una con Chapman crane, dos cámaras en dolly tracks (jaladas por los asistentes) y dos handheld Steadicams, una de cada lado. En otras áreas del enorme estudio, los técnicos, los diseñadores del los sets y los pintores estaban añadiendo los últimos toques al escenario, para la filmación de ese día.

El ambiente en el set de Bowie era muy tranquilo, todo funcionando ordenadamente. No había ni lo más mínimo de problemas, de tensión, de frustración o de conflicto. Todo fluía sin interrupciones. Se notaba que cada miembro del equipo se encargaba de sus tareas y responsabilidades específicas, calmada y eficazmente.

Hasta la fecha, no he participado en ninguna filmación mas tranquila que esa.

Lo que más recuerdo fue el comportamiento relajado del talentoso director del vídeo musical, quien procedía de Inglaterra. Era sin duda la persona mas tranquila en todo aquel lugar. El director proyectaba una confianza que daba a entender, silenciosamente, que él sabia exactamente lo que quería y que ya había comunicado sus planes creativos a todo nivel de la producción. Esa visión artística ahora se estaba realizando en su totalidad, con un escenario perfectamente iluminado y extensamente recubierto por los profesionales que manejaban las múltiples cámaras. De todo ángulo posible se estaban captando las actuaciones de cada persona:

el participante principal, la banda y los cantantes suplementarios. De vez en cuando, el director susurraba una sugerencia en el oído de algún camarógrafo, o se acercaba para hablar con Bowie. Pero todo el proceso de filmar parecía hacerse absolutamente sin esfuerzo alguno...y muy profesionalmente.

Un director confiado y tranquilo, que sabe exactamente lo que quiere y que ha comunicado su visión debidamente, debe ser la persona más calmada en cualquier proyecto.

Esa tranquilidad crea un ambiente positivo y productivo que se extiende a todos los participantes, desde el más importante productor ejecutivo hasta el más trabajador asistente de producción.

•

TÁCTICAS DE LOS PROFESIONALES PARA DIRECTORES

–Alza la cámara. Graba algo. No importa que sea pequeño, que sea cursi, no importa que tus amigos y tu hermana sean los protagonistas. Pon tu nombre al final como director. Con eso serás un director. De allí en adelante solo hay que negociar tu presupuesto y tus cuotas.

- James Cameron, director

–Una palabra sutil podría ser capaz de calmar a un director ruidoso, pero no cuentes con eso.

- Derek Murray, Cfan

–Siempre me gusta pensar en la audiencia cuando estoy dirigiendo. Porque yo soy la audiencia.

- Steve Spielberg, director

–En las películas, el director es Dios. En los documentales, Dios es el director.

–Si es una buena película, se podría apagar el audio, y la audiencia todavía podría tener una idea clara de lo que estuviera sucediendo.

–Una buena película es una que vale lo que costó la cena en un buen restaurante, las entradas al teatro y el pago a la niñera.

–No entiendo por que experimentamos con películas. Todo debe hacerse primero por escrito. Un músico lo hace, un compositor. El anota muchos puntitos en una hoja de papel, y de allí sale música hermosa. Y creo que a los estudiantes se les debería enseñar a visualizar. Es lo único que les falta en esto. La única cosa que el estudiante necesita hacer es aprender que hay un rectángulo blanco allá en frente, en un cine, y que hay que llenarlo.

- Alfred Hitchcock, director

–Soy un narrador de historias; es la función principal de un director. Son imágenes en movimiento, así que, ¡hagamos que se muevan!

- Howard Hawks, director

–Una de las grandes ventajas de escoger ser director, de por vida, es que escoges una profesión que nunca se domina. Cada historia en si es un tipo de expedición, con sus propios desafíos.

- Ron Howard, director

–Una intuición es la creatividad tratando de decirte algo.

- Frank Capra, director

–Un buen director no sabe con certeza, cuando llega al set, lo que va a hacer.

- Elia Kazan, director

–Un director se parece mucho a un general en el campo de batalla: Todo tiene que seguir adelante.

- Chris Wilson, guionista (Animal House)

–Dirigir es "tono", y tono es lo mas difícil de explicar. Es como explicar que uno está enamorado de otra persona.

- Jason Reitman, director

–Ser director es el máximo "todo lo anterior". Eres el entrenador principal, y como tal, tu tarea es crear un ambiente donde todos los colaboradores, cada gerente de departamento, cada trabajador, cada actor, todos los escritores, si trabajas con ellos, puedan hacer su mejor trabajo, todos enfocados en la misma meta, la cual es la mejor película posible con aquel material.

- Richard Linklater, director

–Parte del trabajo de dirigir es poder pensar rápidamente, en el momento, improvisar y salir con alguna otra idea que produzca el resultado que querías desde el principio.

- Phil Alden Robinson, director

–Para un director, existen reglas comerciales que hay que obedecer. En nuestra profesión, un fracaso artístico no es nada. Un fracaso comercial es una condena. El secreto es hacer películas que agraden al público y que también permitan al director revelar su personalidad.

- John Ford, director

–Spielberg me dio dos consejos en cuanto a ser director: Primero, cambia tus zapatos en la hora del almuerzo. Segundo, lo podrás resolver.

- Tom Hanks, actor y director

–Si eres una persona creativa, entonces crear es algo que haces todo el tiempo, en cada momento de tu vida. El deseo siempre existe de hacer algo, pintar algo, tomar una foto, actuar una escena. Es parte de quien eres.

- Dennis Hopper, actor y director

–Produces una película para atraer y distraer a la gente, tal vez para hacerles pensar, para ayudarles a ser un poco menos ingenuos, un poco mejores de lo que eran antes.

- Claude Chabrol, director

–Solo cuando estoy haciendo mi trabajo es que me siento realmente vivo.

- Federico Fellini, director

CAPÍTULO 5 REPASO: SER DIRECTOR

1. Lo esencial de dirigir es: fotografiar los ojos de las personas. - *John Ford*
2. Se requiere de los directores que se comuniquen con muchas personas, desde el asistente de iluminación hasta el actor mejor pagado. Y deben tener un concepto de la historia en su totalidad, de principio a fin, desde fade up hasta fade down.
3. La historia específica que se va a presentar depende la creatividad, la visión, el juicio y las sensibilidades del director, y las fortalezas o debilidades de los sujetos que se entrevistan.
4. La noficción agrega capas a una historia, porque el género se presta a desenvolverse como una obra en proceso, o un trayecto que hay que recorrer.
5. Dirigir requiere trabajo arduo, pero es divertido.
6. Un director confiado y tranquilo, uno que sabe exactamente lo que quiere y ha comunicado su visión debidamente, debe ser la persona mas tranquila de cualquier filmación.

CAPÍTULO 6: TOMA DE DECISIONES

Decisiones, Decisiones

•

–Ahora ustedes forman parte de las Fuerzas Especiales.

Aquí uno se adapta. Supera. Improvisa.

- *Sargento Thomas "Gunny" Highway (Clint Eastwood)*

Heartbreak Ridge (1986)

Las decisiones que uno toma en el campo o en el estudio son *críticos* para el éxito de la historia, el segmento, el show o el proyecto. Independientemente de la intensidad y la excelencia de tu preparación, investigación y planificación, siempre tendrás el desafío constante, durante tu jornada de filmación, de tomar decisiones instantáneas. Si tomas las decisiones correctas, repetidamente y en forma constante, tendrás éxito.

Elige mal y tendrás que filmar de nuevo, conseguirás tomas de apoyo que son inapropiadas, o estarás grabando más entrevistas, porque no conseguiste suficiente material.

Recuerda y ten presente que todo productor de películas, desde 1896 hasta el día de hoy, ha hecho errores. Todos somos humanos, y el proceso de producir es exigente y difícil, lleno de trampas y equivocaciones. (Sin embargo, por el lado positivo, también se logran muchos éxitos.)

Al fin y al cabo, tomamos las mejores decisiones que podemos, basadas en la información que tenemos en el momento específico. Todo tiene que ver con el horario, el presupuesto, el personal, la luz del sol, el guión, la actuación, la tensión, los requisitos para la filmación, las limitaciones de la producción y un millón de pequeños, pero críticos, detalles más.

•

GUILIN, CHINA

Todavía recuerdo una decisión, pequeña pero crucial, que tuve que tomar en Guilin, hace muchos años. Esta ciudad concurrida se conoce por los singulares picos ásperos de sus montañas. Al buscar Guilin, en cualquier guía turística de China, se verán destacados los picos de la región. Son majestuosos, hermosos e inquietantemente inusuales. Como para una película de *Las Guerras Galácticas (Star Wars).*

Una mañana nublada de marzo, nuestro equipo estaba filmando allí y sabíamos, mejor dicho yo sabía, que tendría que ser un día productivo. Disponíamos de solo un día para filmar y nada más, antes de trasladarnos a Beijing.

Durante el desayuno en el hotel, mi colega y nuestro guía que hablaba mandarín, Jon Davis, nos presentó al equipo un plan básico para el día. La primera opción era una tranquila gira en lancha por el sinuoso Rio Li, de donde podríamos ver los picos de Guilin durante unas dos o tres horas de paseo. Sería un paseo pintoresco, laberíntico y turístico, algo que se ve en programas televisivos de viajes turísticos.

La segunda opción, el plan B, era alquilar un carro para llevarnos a una aldea cercana en las afueras de la gran ciudad. La meta sería captar la vida rural típica de China, y ver como la mayoría de los chinos vivían, en una región más campestre. Toda la mañana se podría dedicar a la filmación en esa aldea. La ventaja de esa opción era que la distancia no era mucha, tal vez solo unos 20 o 30 minutos en carro.

En ese momento crítico, consideré las dos opciones; los picos de Guilin...o la vida rural china.

Traté de imaginarme cuantos picos de Guilin usaría yo, como director, en un documental de veinte minutos acerca de la cultura y las creencias espirituales de China. Me pareció que serían, máximo, una o dos tomas. Los picos no eran la esencia de la historia. Pasar toda la mañana en una lancha hubiera sido divertido y visualmente agradable, pero no sería muy productivo ni valdría la pena para nuestro proyecto.

Por otro lado, una mañana entera en un pueblo chino nos daría una gran ventaja cultural; grabar a la gente trabajando, cultivando sus cosechas y haciendo sus quehaceres diarios, lo cual, potencialmente, nos ofrecería mucho mas para la historia.

Escogí la aldea.

Años después, sigo convencido de la sabiduría de tomar esa pequeña decisión.

Nuestro equipo de tres personas viajó a las orillas de Guilin, a una pequeña aldea de tal vez unos doscientos o trescientos habitantes. Los picos famosos se veían majestuosos en el horizonte, y en los campos había nuevas cosechas. Un arroyo efusivo atravesaba el pueblo, y cuando llegamos, encontramos a las mujeres lavando su ropa en las aguas refrescantes. Los niños jugaban en las sencillas viviendas desgastadas. Las mujeres hacían sus quehaceres domésticos de cocinar, barrer y limpiar. Y los hombres, en ese momento, no hacían nada.

Después de pedir permiso para filmar, pasamos las siguientes horas captando todo lo que veíamos: niños, mujeres, hombres, cosechas, picos, la gente lavando ropa, cocinando, charlando, jugando. También encontramos un cementerio de niños, un poco retirado, en medio de los campos, algo que fue útil para ilustrar una investigación de una práctica china de esa época. A las familias se les obligaba limitarse a solo un hijo, y los varones eran los preferidos. Como resultado de tal política, surgió la infanticida, en la cual se "acababan" con las niñas que nacían, secreta y calladamente. Las lápidas eran la evidencia visual de esa práctica horrorosa.

Habiendo escogido la aldea, pudimos conseguir dos vídeo cassettes de buenas y valiosas tomas, que se usaron con éxito varias veces en el programa final. Todavía me acuerdo de las tomas específicas y de la edición borrador que hicimos antes de la edición final en linea. El programa estaba repleto de tomas de la gente, de la vida colorida del pueblo y de la singularidad de la cultura rural china.

Si mal no recuerdo, los picos de Guilin representaron tal vez cinco o diez segundos del programa final, pero nos hubieran requerido varias horas desperdiciadas de filmación, a la deriva en una lancha lenta en el río.

•

LA BÚSQUEDA INÚTIL

Las pequeñitas decisiones cruciales, que se toman en una producción, te servirán...o destruirán tu proyecto.

Algo que toma demasiado tiempo en la producción de la noficción es la filmación de entrevistas, como vimos en un capítulo anterior. Una entrevista, con el sujeto sentado, perfectamente iluminado, fácilmente podría tomar medio día. Tan solo trasladarse al sitio, escoger el lugar correcto, colocar las luces y el micrófono, filmar, desarmar y guardar todo y seguir al próximo sitio, en tu lista de tomas, puede tomar mucho tiempo. Y muchas veces, especialmente en los noticieros, esa entrevista puede resultar en un máximo de 10 o 15 segundos en pantalla, el tiempo suficiente para una sola declaración (sound bite).

Aunque son importantes para cualquier proyecto, las entrevistas consumen bastante tiempo.

Una de las dinámicas que uno debe evitar, cueste lo que cueste, es lo que yo he llamado "La Búsqueda Inútil". Esta es generalmente una producción sugerida por un cliente, un representante local o un productor mal aconsejado, el cual piensa que la filmación de ciertas tomas, o algún sujeto, podría convertirse en algo bueno y útil.

No importa la experiencia de uno, a todos nos toca *La Búsqueda Inútil* por lo menos una vez.

•

PARIS, FRANCIA

Todavía me acuerdo de la filmación en Paris del episodio piloto de la serie televisiva *Viajando Ligero*. El productor había planificado una filmación muy de noche, en un club nocturno (*Les Bains Douches*), para mostrar el lado "hip" y nocturno de Paris. En teoría, fue una gran idea, porque se trataba de un show turístico dirigido a jóvenes y repleto de consejos sobre el entretenimiento y los lugares más divertidos que deberían visitar.

Nuestro equipo llegó al club después de cenar, a eso de las 10 de la noche. El club había sido, varios años atrás, un balneario y de ahí provenía el nombre "Les Bains Douches". A esa hora de la noche, tarde para nosotros, temprano para los jóvenes de Paris, el club estaba casi vacío, siendo nosotros los únicos clientes. Nos sentamos un rato, a tomar refrescos, y luego le pregunté al productor cuando se empezaría a llenar el club. Después de las 2 de la madrugada, según él. Y nos informó que el lugar realmente no se llenaría hasta las 3 AM. Mala noticia.

Nuestro equipo de producción, ya cansado, tendría que esperar por lo menos tres o cuatro horas más para poder filmar el club nocturno lleno de jóvenes "hip". No solo eso, nosotros teníamos que levantarnos a las 7 de la mañana el día siguiente, para filmar en otra locación. Y nos tardaríamos por lo menos una hora esa noche, después de filmar, para llevar a todo el personal a los dos hoteles donde estábamos hospedados, los cuales quedaban en diferentes arondissements (distritos) de Paris.

La decisión rápida que tomé fue de rescatar al equipo (y la noche) y filmar los segmentos con los anfitriones en un "chic" salón vacío del club, antes de que llegara la muchedumbre. Para dar la impresión de un club nocturno concurrido, pedí a los miembros del equipo que pasaran seguidamente en frente de la cámara, como si estuviéramos hablando con los anfitriones en un salón lleno de centenares de jóvenes energéticos. Las tomas de personas pasando en frente de la cámara le dieron energía a la escena.

Habiendo filmado las tomas de los anfitriones, nos fuimos a los hoteles para dormir, ya que estábamos bien cansados. En otra ocasión, filmamos en otro club (el cual ya estaba atestado en más tempranas horas de la noche). Luego, al editar, intercalamos el vídeo de la gente bailando en el segundo club, con el vídeo original de los anfitriones en *Les Bains Douches*. A mi modo de pensar, bailar es bailar, sobre todo cuando la música era tan fuerte y pulsante y las luces estroboscópicas deslumbraban. Luego añadí los efectos de sonido del club y el ruido del gentío.

La secuencia editada parecía y sonaba como si hubiera sido filmada en una sola noche y en un solo lugar.

Fue una buena decisión. Y nadie supo la realidad (aparte de nosotros) de que fue una combinación de vídeo de dos locaciones y dos noches diferentes. Encima de todo, estábamos en cama y dormidos a la medianoche de ese primer día.

•

Estas decisiones críticas demuestran la forma práctica de pensar en lo que se necesita para casi cualquier producción exitosa: es esencial desarrollar la habilidad perspicaz de poder seguir la corriente cuando las cosas van en tu contra. Hacer ajustes y tomar decisiones oportunas, y decisiones correctas, son indicaciones claras de que uno es un productor o cineasta confiado.

Una de las claves es la buena planificación, lo que te permite la maravillosa libertad de ser espontáneo.

¡Estar bien preparado reduce la ansiedad!

La toma de decisiones es tan importante como el guión fantástico que se haya escrito, o como alguna toma increíble que demuestre la tensión entre los protagonistas de la historia, o como la secuencia de una huida bien construida, o una gran entrevista. Aunque siempre se podría justificar la importancia de cada uno de estos elementos en el cuadro total de la historia y de la producción.

Las decisiones correctas en el campo siempre te servirán y servirán al proyecto también.

Si, tomar decisiones claves incluye cometer errores. Hay que tomar por sentado que habrá errores. ¿El mejor consejo que puedo dar? Aprende de ellos. Trata de no repetirlos. Usa los errores para aumentar tu experiencia y conocimiento, para perfeccionar tus *instintos* profesionales.

El instinto llegará a ser esa voz interna que te guía en el campo, en el set y en el estudio. Es el momento cuando sabrás con confianza lo que quieres, lo que es correcto, lo que funciona y como esos pequeños (o grandes) elementos encajan para crear una secuencia o un segmento exitoso. Cuando un productor de películas crea suficientes secuencias irresistibles, que se pueden juntar sin problemas, el está bien encaminado hacia la creación de una historia, un segmento o un show excelente.

Estar dispuesto a cometer errores significa estar seguro de si mismo. Todo productor ha fracasado, así que debes reconocer que no eres el único. Pero nunca lograrás tu objetivo si te quedas sentado sin hacer nada...ni tampoco, si eliges siempre el camino seguro y fácil. De nada sirve perder tiempo valioso analizando todas las posibilidades que existen, para poder garantizar que cada toma resulte ser perfecta. A menos que seas el legendario director ya fallecido, Stanley Kubrick, quien tenía todo el tiempo que quería, lo que filmas nunca será totalmente perfecto. Pero trata de grabar las mejores tomas posibles.

La habilidad de tomar excelentes decisiones oportunas, sobre la marcha, es primordial.

•

CLASES DE FILMACIÓN

Hace unos años, para continuar mis estudios y sacar una maestría en filmación, me matriculé en la Universidad de Chapman en la ciudad de Orange, estado de California. En ese entonces, la universidad estaba en el proceso de volverse un instituto prestigioso de filmación, con una buena reputación, y hoy día es uno de los diez mejores del país.

Me encontré rodeado de jóvenes cinematógrafos y directores novatos que siempre estaban trabajando o proyectos y películas para sus clases. Los profesores les asignaban la tarea de filmar y contar una historia de solo un minuto de largo. Cada toma era crítica. Cada marco de película era muy valioso. De hecho, su cartucho de 16mm solo tenía unos tres minutos de película. Se veían forzados a tomar decisiones precisas, porque si no, se les acabaría el rollo de película, literalmente.

Por ser mayor de edad (yo tenía mas de 40 años), unos estudiantes que eran directores me reclutaron para actuar en los proyectos que dirigían. La razón era que había pocos actores o voluntarios disponibles que podrían utilizar, y yo, siendo buena gente, estaba dispuesto a ayudarlos.

Cuando actuaba en los proyectos estudiantiles, siempre me asombraba que estos jóvenes directores duraban tanto en tomar decisiones. Cada toma tenía que ser perfecta y el montaje tenía que ser exacto. Tanta importancia se daba a la apariencia de su película, que se descuidaban las actuaciones y las partes emocionales...incluyendo la parte mía, y las de otros actores que actuaban conmigo. Los directores se quedaban pensando, haciéndose preguntas, encuadrando de nuevo, pensando un poco más, y por fin tomaban una decisión. Muy a menudo estaban tan enfocados en la toma desde *detrás* de la cámara, que se les olvidaba lo que pasaba *en frente* de la cámara.

Esto no me frustró en lo más mínimo, porque el peso del proyecto y la producción no lo cargaba yo. Yo estaba presente solo para actuar y nada más. Así que esperé, mientras colocaban las cámaras y las luces, y el director y los miembros del equipo intercambiaban ideas. Nunca traté de dirigir, sino más bien me limité a cumplir con mi papel, sin ofrecer sugerencias.

Sin embargo, con tiempo dejé de aceptar sus invitaciones a participar en los proyectos estudiantiles porque, siempre me decían que la filmación solo tomaría unas pocas horas. En realidad, lo que debía haber tomado unas horas, nos tomaba una eternidad, debido a la indecisión, y las filmaciones duraban dos o tres veces más de lo que se anticipaba.

•

EL INSTINTO

Cuando llegues a saber lo que quieres por instinto, y sepas como lograrlo, te librarás de la indecisión. Elegir, tanto bien como mal, afilará ese instinto. Manténte fiel a tu visión particular del proyecto, y a la vez, mejora el arte de tomar decisiones, porque te ayudará a lograr tus metas.

Clint Eastwood, a mi parecer, es un gran ejemplo de un cineasta confiado que demuestra las mejores destrezas al dirigir. Por cierto trabaja con ficción narrada, con un buen guión, actores profesionales, y equipo, locaciones y presupuestos excelentes. Pero el sabe, después de décadas de hacerlo, exactamente lo que quiere y como lo va a realizar en la pantalla grande. Se dice que a menudo el filma una secuencia en solo una o dos tomas, tal vez tres. Como director, el hace que el set entero se sienta tan cómodo, que los actores actúan casi sin darse cuenta de las cámaras que les están filmando.

Eastwood conoce los ángulos, las configuraciones y todo el proceso. Cuando logra que se filme una buena toma dramática que le gusta, es posible que pida otra toma, por "seguridad", pero generalmente sigue a la próxima toma, de manera profesional. El visualiza mentalmente su película, y es capaz de llevar su visión singular a la pantalla, una y otra vez. Los múltiples premios de la Academia que ha ganado, tanto como su colección de películas prestigiosas, dan testimonio de sus habilidades.

La autoconfianza, inclusive en la producción de documentales y otros tipos de noficción, es una virtud. (La sobre confianza no lo es; al contrario, se llama arrogancia). Y el atributo de confianza surge muchas veces de las ideas buenas y creativas y de las decisiones firmes.

La indecisión paraliza el proyecto.

El sol se está poniendo, y solo hay cierta luz disponible. El día se está perdiendo. La gente está esperando. Los costos se van aumentando. El tiempo es valioso.

Adapta, supera, improvisa.

•

TÁCTICAS DE LOS PROFESIONALES PARA LA TOMA DE DECISIONES

–No hay reglas en la producción de películas. ¡Solo pecados! Y el pecado mortal es hacerlo aburrido.

- Frank Capra, director

–Un sin fin de tomas, porque no sabes lo que quieres, solo frustra al talento y al equipo - y demuestra tu incompetencia.

- Don Hancock, Performance Communications

–Cuando eres el camarógrafo, si el director de fotografía o el director del proyecto cambia de opinión constantemente, y siempre quiere una toma diferente, mantén una buena actitud y haz el cambio sin quejarte. Tal vez puedas sugerir algo (pero no demasiado!) para mejorar la toma un poquito.

- Michael J. Denton, camarógrafo

–La presión produce diamantes.

- Anuncio en una cartelera

–Sin excusas. Sin explicaciones.

- Julia Child, anfitriona de show televisiva de cocina

–Excelente preparación te permite ser maravillosamente espontáneo con menos ansiedad.

–La ansiedad es el precio que se paga por no tener la mente preparada.

- Dr. Marty Cohen, Cohen-Brown Picture Company

–Todos nos perdemos en la oscuridad, pero los soñadores aprenden a guiarse por las estrellas.

- Neil Peart, letrista

CAPÍTULO 6 REPASO: TOMA de DECISIONES

1. Las decisiones que uno toma en el campo, en el set o en el estudio son críticos para el éxito de la historia, segmento, show o proyecto.
2. ¡Estar bien preparado reduce la ansiedad!
3. Estar dispuesto a cometer errores es una señal de auto-confianza.
4. La habilidad de tomar decisiones buenas y oportunas, sobre la marcha, es primordial.
5. Cuando hayas desarrollado el instinto de saber lo que quieres, y como lograrlo, te librarás de la indecisión. El hecho de elegir, tanto bien como mal, afilará tus instintos.
6. La autoconfianza, inclusive cuando se producen documentales y otros tipos de noficción, es una virtud.
7. La indecisión paraliza al proyecto.
8. Adapta, supera, improvisa.

CAPÍTULO 7: PRESUPUESTOS

Finanzas y Presupuestos

•

–Esta película costó $31 millones.

Con esa cantidad de dinero, yo podría invadir otro país.

- Clint Eastwood, director/actor

El presupuesto de Eastwood, según los estándares de Hollywood, en realidad no es mucho para una mega película. Los costos en si de la producción de la película (incluyendo todos los productores, directores, estrellas, escritores, equipo, estudio y locaciones), sumados al costo enorme de mercadeo, copias y distribución, pueden resultar en un presupuesto promedio que llegue a $100 millones de dólares.

Pero Eastwood tiene razón al decir que con 31 millones de dólares uno podría invadir una pequeña nación, deponer a la dictadura gubernamental y luego instalar a nuevos líderes democráticos. ¿No lo crees? El libro de Frederick Forsyth, de 1974, con el título *The Dogs of War*, trata el tema de emplear a mercenarios para hacer exactamente tal cosa.

Producir películas, ya sean para el cine, la televisión o vídeos digitales, requiere bastante plata.

John Gaskin, un guru de producción que ha trabajado en cuarenta películas, piensa que el dinero es el aspecto más importante en la producción de un filme. El flujo de finanzas supera la visión creativa, el talento costoso, el guión y el desarrollo dramático de la historia. El *Informe Semanal de Gastos*, según Gaskin, es más importante que los gastos diarios. Cuando se acaban los fondos, se acaba el combustible para la producción física y los varios servicios creativos y técnicos que se necesitan.

Hay que pagar a la gente, a los vendedores, y también por los servicios y las instalaciones.

Aún para algo mas pequeño, sin los fondos de un proyecto, ¿cómo podrás tu, el cineasta o videógrafo, alcanzar tu meta de filmar y producir tu historia, documental o película?

No importa el tamaño de tu proyecto, hay que crear un presupuesto.

Cabe aclarar que este capítulo sobre los presupuestos NO trata de como financiar una película, ni como o donde conseguir financiamiento independiente para un cortometraje o un documental largo.

Lo que si se puede decir es que hay que **manejar sabiamente las finanzas de la producción.**

Cualquiera que sea la fuente de las finanzas, es necesario tener de antemano un presupuesto realista. Anote, en una planilla *Excel,* todos los elementos que requieren un gasto de dinero. Divide el cronograma del proyecto en tres partes que son, la preproducción, la producción y la posproducción. Incluye el costo del master, la duplicación y la entrega. Talento, personal fílmico, locaciones, viajes, estudio, vendedores, equipo, transporte, viáticos... apúntalo todo y calcúlalo todo. Y hay que anticipar cuando llegarán los fondos, y las cantidades específicas que llegarán, es decir, el *flujo de efectivo.* Luego calcula a *quienes* y *que cosas* se tienen que pagar, *cuándo, cuales cantidades* y en *que manera* se van a pagar (efectivo, cheque, tarjeta de crédito, deposito bancario, etc.)

En mi caso, en el 99% de los proyectos, he tenido la bendición de un cliente, una agencia o una organización patrocinadora que cubre los gastos de la producción, tanto para una sencilla filmación aquí en California, como para un viaje de dos semanas en la India. Ha sido mi responsabilidad, como productor, elaborar un presupuesto detallado, negociarlo y conseguir que sea aprobado, formular un contrato básico, y después salir para hacer la filmación o proyecto.

Por lo general, los mayores pleitos tienen que ver con el gasto de dinero, el presupuesto y los costos, no la parte creativa. (Aunque también resultan por ese lado, en particular cuando las lineas de comunicación y la visión no son claras.)

Ya que no contamos con los 31 millones de Clint Eastwood, la buena noticia es que los documentales, cortometrajes, y las producciones para televisión y vídeo, por su naturaleza, generalmente se pueden producir con mucho menos de lo que cuesta una película. A menos que se trate de reconocidos programas o series nacionales de televisión, o un especial de cable, los costos para filmaciones de una o dos cámaras son mucho mas limitados, ya que requieren menos personal, menos equipo y pocos días en el campo o en el estudio. Otro factor importante es que, muy a menudo, el talento consiste de las personas entrevistadas, a quienes no se les tiene que pagar por sus ideas, opiniones y reacciones.

No estamos hablando de las mega películas de Hollywood, sino de producciones pequeñas. No importa la magnitud o el costo del proyecto, el presupuesto siempre se tiene que considerar antes de empezar la producción.

En mi caso, yo filmo en el extranjero muy a menudo – me especializo en eso. Mi experiencia me ha enseñado que, por su naturaleza, las producciones en el extranjero cuestan mucho más que las locales. Hasta dos o tres veces más. Las ciudades grandes del mundo pueden ser muy costosas. Me acuerdo de un almuerzo en Tokio que costó $50 dólares, para una sola persona. Las habitaciones de hotel eran de $250 la noche, y había otras mucho mas caras.

¿Has pagado hospedaje en un hotel en Rio de Janeiro? ¿Te han cobrado sobrepeso de equipaje en Hong Kong? ¿Has comprado un boleto de avión para Johannesburgo? Los vuelos, las noches en hoteles, comidas en restaurantes, pagos al equipo, el transporte local, el traslado de un lugar a otro, los seguros y fianzas.... todo se va sumando hasta llegar al fin a un gran total.

Si la producción incluye filmar en diferentes locaciones en varios países, ciudades o provincias, hay que anticipar de donde vendrán los fondos y calcular el presupuesto. Lo mismo se aplica inclusive a las filmaciones básicas, en la misma ciudad, durante un corto periodo de tiempo. Reservar un buen estudio requiere tiempo, dinero y planificación. Enviar al equipo de producción, sin el apoyo financiero adecuado, al campo o a un estudio, sean lejanos o cercanos, va a poner en riesgo al equipo, al proyecto y a la posibilidad de éxito. Todo puede venirse para abajo.

Cómo se calcula y vigila el presupuesto es sumamente importante para la vigencia de la preparación y producción. El presupuesto también impacta el trabajo de posproducción, los horarios y la entrega del proyecto.

•

¿DÓNDE EMPEZAR?

¿Por dónde se empieza a calcular un presupuesto inicial?

Investiga los costos, aún para las filmaciones locales cercanas, y anticipa que tal vez costarán más de lo que se había pensado al principio. Pídeles a productores, administradores de producción y coordinadores de equipos, quienes han tenido experiencia en hacer presupuestos, que te ayuden a crear el presupuesto correctamente. Así podrás crear algo que se parezca más a la realidad que lo que solo imaginabas o soñabas.

Trata de añadir, cuando sea posible, *una cantidad adicional para imprevistos,* con un 10 o 15% del presupuesto, "por si las moscas". Será de mucha ayuda. Así podrás cubrir gastos inesperados cuando surjan.

También, toma en cuenta, al trabajar con los costos y los números, que *no habrá dos filmaciones exactamente iguales.* Dos días de filmación en un pueblo no se pueden comparar con cuatro días en una metrópolis. Un viaje de una semana con tres colegas, a Paris o Nueva York, no se puede comparar tampoco con una filmación de una corporación local con un equipo local. Las producciones de documentales, vídeos y películas conllevan tantos factores variables, que cada proyecto resulta ser singularmente diferente de los demás.

Las siguientes son unas sugerencias para crear el presupuesto:

SOFTWARE: Existen muchos excelentes programas para la computadora que se pueden utilizar al crear coronáramos y presupuestos, como por ejemplo:

- *Movie Magic* (presupuestos profesionales para películas, televisión y proyectos de medios)
- *Show Starter* (proyectos de entretenimiento)
- *AICP* (Asociación de Productores Comerciales Independientes)
- *Quicken/Quick Books* (un software básico de contabilidad que se puede usar para organizar el presupuesto, manejar el flujo de efectivo, además de ayudarte a pagar al personal, los servicios y a los vendedores, a su debido tiempo.)

Como mínimo, hay que crear un presupuesto con una planilla *Excel* para guiar el proyecto. El valor adicional de software comprado es que muchos programas ya incluyen sistemas para crear coronáramos junto con el presupuesto.

ELEMENTOS DEL PRESUPUESTO: Ordénalos según diferentes categorías, que se basan en la naturaleza del proyecto. La mayoría de los profesionales empiezan con tres: la preproducción, la producción y la posproducción.

- Propuesta del guión.
- Costos de primer nivel (productores, directores, actores, director de fotografía, narrador).
- Costos de segundo nivel (camarógrafos, iluminadores, grips, personal de sonido, personal extra, maquillista y/o estilista, administradores de producción y coordinadores, asistentes de producción, etc.)
- Viajes, alojamiento, comidas, servicio de catering, transporte, etc.
- Diseños, sets, escenarios, mobiliario
- Seguros, fianzas, carnets
- Cintas, película
- Equipo de cámaras y sonido, luces, generadores, camión de iluminación, remolques
- Costos de locaciones, investigación de locaciones, permisos

- Caja chica, gastos reembolsables, avances
- Costos de laboratorio, copias, masters
- Editores, equipo y software para edición, efectos especiales, mezcla de sonido, música
- Equipo y software de edición, efectos especiales, mezcla de sonido, música, copia intermedio digital
- Hacer los masters, la duplicación y la distribución

La anterior es una lista muy básica de posibles categorías que se pueden considerar. Dependiendo del tamaño y la naturaleza de la filmación, estos elementos específicos se pueden multiplicar para crear decenas más, o se pueden reducir a un máximo de solo cuatro o cinco puntos.

Para simplificar el presupuesto, lo cual depende de la formalidad del sistema de contabilidad, tal vez se tendrá que saber algo de facturas, transferencias de fondos (Moneygram, Western Union), depósitos bancarios directos, tarjetas de crédito, cheques de viajero y otros controles y procedimientos con las finanzas que el cliente o la compañía de producción pueda exigir. Pedidos de compra, pedidos de cheques requests, transferencias bancarias, o depósito directo bancario.

Puede ser complicado. Bienvenido al mundo de la contabilidad!

Afortunadamente, para muchos de mis proyectos documentales, el presupuesto no fue demasiado complicado. Al inicio, se calculaban los costos del equipo y las cintas. Siendo yo el productor, director y escritor, calculaba mi tiempo y los gastos del proyecto entero en una planilla que yo mismo había creado. Después de contratar al personal, con los precios ya negociados, tomaba en cuenta el transporte, el hospedaje, la comida y los vehículos. Luego calculaba el tiempo para la edición, la música, la mezcla de sonido y la edición del master final. Eso era básicamente todo, con la excepción de una que otra cosa que pudiera surgir mas adelante. Una planilla básica de gastos, con fórmulas, categorías y sumas, me ayudaba a mantenerme al tanto con mi presupuesto. Y yo también iba modificando los costos cuando estos ocurrían, para estar al día con lo que se gastaba.

Sin escribir un libro completo sobre los presupuestos, déjame mencionar algunas categorías básicas para vídeos, películas y documentales:

TALENTO Y PERSONAL CREATIVO: Los productores, escritores, directores, actores, talento y el director de fotografía. El presupuesto y el financiamiento, junto con lo que cobran todas estas personas, va a determinar a quien se paga y cuanto se le paga. Envía mensajes o correos electrónicos que especifiquen los servicios que cada uno brindará, por cuanto tiempo y a cual precio. A veces el talento, especialmente los mejores y más conocidos, requieren contratos antes de ofrecer sus servicios. En tal caso, sería prudente consultar a y recibir la ayuda de un abogado que se especializa en asuntos de entretenimiento. También toma en cuenta cuando la persona va a comenzar con el proyecto, cuanto tiempo va a trabajar y cuando va a terminar. Un productor puede participar en el proyecto desde el primer día hasta el último. Pero el trabajo de un escritor puede terminar después del primer día de la producción. Se le paga entonces solo para el guión, la refundición, y ya.

PERSONAL: La gente que uno va a contratar (administrador de producción, camarógrafos, iluminadores, grips, sonidistas, asistentes de producción) también se basa en la naturaleza y el tamaño del proyecto. El mejor consejo para el equipo fílmico y el talento es que se les comunique, o se les envíe, un memorándum o email muy claro, a todo el personal, si fuera posible, para evitar malentendidos. Explica detalladamente los días y las horas que se van a trabajar, el pago por día o por semana, y cualquier otro gasto que se va a cubrir, como el transporte a las locaciones o los viáticos para las comidas.

EQUIPO: Tu proyecto podría variar desde una filmación pequeña con una sola cámara digital y un equipo básico de luces y trípode, hasta un gran proyecto con múltiples cámaras profesionales de HD, trípodes macizos e iluminación de estudio y con jibs. Haz el presupuesto, pregunta por todos lados, anota las tarifas y costos, calcula y aplica los costos a tu presupuesto. Si se va a alquilar el equipo, aveces se puede conseguir una tarifa semanal que ahorraría bastante del presupuesto de la producción. Toma en cuenta que, cuando alquilas equipo de una empresa respetada de equipos, es posible que vayan a querer establecer una cuenta contigo y vayan a pedir detalles acerca de crédito y las cuentas bancarias, etc. o vayan a pedir una tarjeta de crédito como depósito. Y quizás necesitarán también una copia de tu póliza de seguro, con el nombre de ellos incluido como uno de los vendedores que van a cubrir. Tal vez valdrá la pena pagar un poco más y conseguir la póliza de seguro de ellos, para ahorrar tiempo y demasiados trámites.

La ventaja de trabajar con camarógrafos que tienen su propio equipo de cámaras es que se elimina la molestia de alquilar, y se puede contratar a los camarógrafos, junto con su equipo, como parte del arreglo. Hay que llegar a un acuerdo sobre la responsabilidad civil y la indemnización, si el equipo fallara o, Dios guarde, si algo se quebrara. Habla de todo eso con anticipación, y tal vez sea práctico cubrir el equipo de ellos con el seguro tuyo. También debes asegurarte que la cámara y el formato de la cinta o el tipo de memoria sean compatibles con tu sistema de edición. Hoy en día, HD es lo que se va a usar. Asegúrate de tener el formato correcto.

Otra opción, si hay fondos disponibles, es *comprarse un equipo propio de cámaras*. Pero si no vas a estar filmando muchos días para el proyecto, o si el equipo ya no se va a usar después de terminar el filme o el documental, lo mas sabio sería alquilar la cámara.

Mejor sería gastar tus fondos en comprar luces, equipo de audio y un trípode. Estos instrumentos básicos de trabajo son una inversión más sabia que una de las costosas cámaras de última moda, ya que los micrófonos y las luces nunca pasan de moda.

VIAJAR: Hoteles, comidas, transporte, viáticos. Recuerda que el boleto mas barato no es siempre el mejor. Dos o tres escalas del avión pueden resultar en una pérdida de conexiones o de equipaje. A la larga, llegadas con atraso, y equipo fílmico perdido, cuestan mucho más que lo que se ahorró en boletos baratos. Mi política es, que si se puede conseguir vuelos sin escalas, o con un máximo de una escala, siempre vale la pena. Y también, para el descanso, la seguridad y el moral del grupo, es crítico alojarse en un buen hotel, y comer buenas comidas. En conclusión, los viajes pueden formar una gran parte de los costos de cualquier producción, sobre todo cuando incluyen varios aeropuertos en varias locaciones.

SEGUROS Y FIANZAS: En el área de seguros y fianzas, uno debe ser muy sabio y cuidadoso, si se tienen que hacer economías en la producción. Una vez me resbalé y me caí en un charco de agua sucia en Bangladesh, con una cámara digital que no estaba asegurada. La producción entera fue detenida, yo me tuve que regresar a Bangkok el día siguiente, y no recibí el resto del pago que el cliente me debía. Me vi obligado a conseguir alquilada otra cámara y enviarla a la siguiente locación (África), y finalmente, al llegar a casa, tuve que comprarme una cámara nueva para futuras producciones. Asegurar el equipo es sumamente importante, y también recomiendo un seguro médico internacional para cada miembro del equipo.

Dependiendo del tamaño del proyecto, yo sugiero comprar una póliza de seguro de $1 millón de dólares, porque siempre existe la posibilidad de gastos legales en el caso de un juicio, por ejemplo. Lo que cuesta el seguro siempre es una buena inversión, y además, muchas instalaciones y estudios exigen tales pólizas antes de permitirte armar las luces, o entrar siquiera en la locación o el estudio.

En resumen, trata de obtener un *carnet*, que cubre el seguro de fianza para la cámara y todo el equipo adicional. Busca en internet la palabra "carnet" para encontrar donde conseguirlo. Un seguro de carnet es válido durante doce meses y le permite a uno entrar y salir de más de 50 países. Es un documento detallado y específico que ayuda a facilitar el despacho de aduana en cada país.

PERMISOS: En el transcurso de mi vida profesional, he tenido buenos resultados en el proceso de conseguir permisos. Asegurar el visto bueno, *antes* de llegar a filmar, ahorra tiempo y dinero, y evita confusión y paros. Los permisos siempre valen lo que uno tiene que pagar para conseguirlos.

Cuando filmaba en Paris para *Traveling Lite* hace años, contábamos con la excelente ayuda del Concilio Francés de Turismo. Nuestro equipo pudo filmar en casi todo lugar (excepto la muy costosa Torre Eiffel) sin problemas. Los permisos para filmar abren el camino para una producción exitosa, y cuando surgen problemas o conflictos al conseguirlos, los productores deben estar preparados para posibles dificultades más adelante.

Contactar al ministro o departamento local de filmación (del país, la provincia o la ciudad) puede ser de mucho valor. Estas agencias existen para ayudarle a uno, no para obstaculizar. Además, su personal podría saber de otros recursos y contactos que pudieran ser de gran ayuda para el proyecto.

Nunca, en mis años de filmación, he trabajado con personal mas organizada y trabajadora que los de *The Amazing Race (La Carrera Increíble)*. El equipo de productores, administradores, investigadores y coordinadores de viajes pasaban meses preparándose para veintidós días de producción global muy difícil. Los detalles, la logística, los permisos, las visas y aprobaciones, todo. Nadie se prepara como lo hacen los de *The Amazing Race*.

Habiendo dicho eso, hay un refrán que he usado de vez en cuando: A veces es más fácil pedir perdón *después* que pedir permiso *antes*. Pero si el proyecto cuenta con los fondos, se deben conseguir de antemano los permisos para filmar.

EDITAR: Con la reducción dramática en el costo de software para editar, en los últimos años, y la disponibilidad de la computadora laptop, el costoso proceso de editar vídeos, documentales y cortometrajes se ha simplificado grandemente.

En la antigua edad linear, se tenía que hacer una copia con el código de tiempo en pantalla, luego editar una versión inicial, conseguir las aprobaciones, implementar los cambios, y luego hacer los ajustes en la lista de edición (EDL). El próximo paso era alquilar una costosa sala de edición para crear la versión final "master", con los gráficos. Para terminar, había que ajustar la mezcla de audio, volverlo a agregar a la copia master, y hacer entrega del producto final. Ahora todas estas funciones que se hacían en diversos lugares se pueden hacer en la mesa de la cocina o en un cuarto de la casa, usando un sistema de edición no-linear. ¡Aplausos!

Pero aún si estás trabajando en un proyecto sencillo de una cámara con un equipo pequeño, hay unos costos básicos de posproducción que se deben tomar en cuenta. Hay que pagarle al editor, quien podrías ser TU mismo (a menos que estés donando tu tiempo como una labor de amor).

Tal vez tendrás que comprar una laptop y el software de edición. La cantidad de memoria es importante y muy barata estos días. Aprovecha y consigue más capacidad de lo que necesitas. Puede ser necesario alquilar una grabadora. Si quieres usar la cámara para grabar lo que editas, no lo recomiendo, a menos que sean proyectos muy cortos y pequeños. Las cámaras deben usarse principalmente para filmar y no como parte de un sistema de edición. Si tienes una cámara que usa cintas, las cabezas se pueden desgastar.

Cómo transfieres el vídeo y haces el master al final, depende de ti, el presupuesto, la magnitud y el profesionalismo de tu proyecto.

Si se va a finalizar el proyecto en una casa comercial, hay que contactar al editor desde el inicio, para confirmar que la filmación y la edición concuerdan con el equipo, software y formatos de cinta que se van a usar.

Otros elementos específicos de posproducción que se pueden considerar son la compra de pistas de música de una videoteca, o pedir a un amigo talentoso que te componga la pista de música. Y debes contratar o buscar a una persona capaz de hacer una mezcla correcta del sonido. (Prestar atención al audio es importante, como veremos más tarde.) Y también debes planificar los pasos a tomar para producir la copia master digital, e inclusive la duplicación y distribución.

Separa todos estos elementos y dedica un renglón a cada uno. Toma en cuenta los días de edición, los servicios requeridos y todos los pequeños detalles, para poder crear un buen presupuesto de posproducción.

Luego añade un fondo de contingencia, por si acaso. Es probable que se vaya a necesitar.

•

KENIA, ÁFRICA DEL ESTE

Imagina que estás frente al mostrador en la recepción del *Intercontinental Hotel,* en las afueras de la ciudad de Nairobi. Tu pequeño equipo fílmico ha gozado de tres días de producción en aquel colorido país en el oriente de África. La filmación ha salido bastante bien, con la grabación de segmentos y entrevistas claves para un buen proyecto, con un cliente cristiano muy respetado.

Siendo el productor y/o director, tendrás que pagar la cuenta final del hotel y estás en un estado de shock. Los cargos para hospedaje y comida en el Intercontinental (sumados a los altos impuestos del gobierno) llegan a ser tres veces lo que se calculó en el presupuesto. De hecho, la filmación en Kenia (al concluir nueve días de un proyecto que duraría veinticinco días) ha consumido *todo* el presupuesto para hospedaje que queda para el resto del viaje. Y todavía hay por delante varios lugares donde se harán filmaciones: Sudáfrica, Brazil, Argentina y unas cuantas ciudades en los Estados Unidos.

Jamás olvidaré la cara pálida del productor, después de haber pagado esa enorme cuenta en el hotel de Kenia. Todo se debía al peligroso hecho de subestimar los costos, los cuales siempre van en aumento cuando un equipo de producción viaja en el extranjero y se hospeda en buenos hoteles todas las noches. Y con tres comidas diarias en restaurantes. Aunque el camarógrafo y yo compartimos una habitación, el *Intercontinental* no era nada barato. Pero sí era limpio y confiable, y fue nuestro "hogar" para unos días importantes de filmación. Además, nos sirvió de lugar seguro para nuestra cámara y los equipos de sonido y producción

Los días que uno está de viaje se van sumando rápidamente. Todos hemos subestimado o calculado mal algunos costos, y luego nos encontramos totalmente desconcertados cuando llega la cuenta final.

En el caso de aquel productor, él logró arreglarse de alguna manera. No se qué dinero pidió prestado, ni de dónde, ni cómo cubrió los gastos del resto del viaje, pero pudimos continuar a cuatro países más, y llegar a casa sanos y seguros con las cintas bien grabadas también.

Sin embargo, esa cara de susto que vi en Nairobi sigue grabada en mi mente, muchos años mas tarde.

•

SELECCIÓN DOS

No es inusual que los productores subestimen o calculen mal lo que va a costar un proyecto, en su totalidad. De hecho, algunas filmaciones sufren problemas serios de presupuesto y finanzas antes de siquiera empezar a grabar. Aún en las mega películas. Pero cuando se trata de vídeo, documentales y cortometrajes, hay un dicho que escuché hace años que viene al caso:

Bien hecho. Rápido. O barato. Elige dos.

En mi vida profesional, he visto dos tipos de clientes: los que quieren que todo sea barato, y los que quieren hacerlo bien.

El cliente "bien hecho" comprende, por su experiencia, dedicación y visión, lo que le va a costar producir un proyecto que alcance la meta creativa, artística y técnicamente. El dinero invertido siempre se nota después, en la pantalla.

El cliente "barato", al contrario, trata, desde el inicio, y también repetidas veces sobre la marcha, de ahorrar cada centavo, para sacar la mayor ganancia o para conservar sus fondos limitados. Al hacerlo barato, se diluye la calidad de la producción, y también les indica al personal, al talento y a los camarógrafos, que la meta es conseguir lo más barato en vez de lo mejor.

Yo comprendo que muy pocas producciones tienen recursos sin límite, y que también los presupuestos se tienen que reducir debido a imprevistos de fuerza mayor. Todos hemos pasado por eso. Y todo productor, administrador de producción o contador profesional, ha tratado en algún momento de sacarle oro a una bola de algodón.

Hay que asegurar que los fondos adecuados y el presupuesto correcto existan antes de dar el orden de –¡Adelante con la producción!

Dónde y cómo se hacen economías es algo que requiere mucho cuidado.

•

TÁCTICAS DE LOS PROFESIONALES PARA PRESUPUESTOS

–¡Consigue el dinero de antemano!

- Rick Eisleben, director-camarógrafo

–Una vez teníamos que filmar a nuestro actor principal en un autobús. En vez de alquilar el autobús, ¡compramos tres pasajes!

- Donna L. Turner, Horizon Gate Producciones

–Incluye un 5 o 10% adicional en el presupuesto para los costos imprevistos.

- Steve Taylor, Digital Espátula

–Presupuesto: no importa que tan pequeño o que tan grande sea el proyecto, siempre hay que tener un presupuesto. Si no sabes como crear uno, vale la pena gastar un poco y contratar a una persona con experiencia que pueda crearlo contigo. Cuando tengas el presupuesto hecho, no te aferres demasiado a ciertas cantidades para ciertas cosas, sino dispone a hacer ajustes, cuando sea necesario, con tal que no excedas aquel total ya establecido, en la última línea.

–Toma en cuenta que es a veces mejor gastar un poco más en algún detalle, sabiendo que al final, reducirá los costos del proyecto en su totalidad.

–Si varios elementos de la producción, como son las locaciones, el equipo y los accesorios, han sido donados, no dejes de anotar lo que te hubieran costado esos elementos, para tener una idea de lo que realmente sería el presupuesto cuando se tiene que pagar todo. Esta información te servirá para el próximo proyecto.

- Mary-Pat Carney, World Race Producciones

–Cuando se trabaja con un presupuesto muy bajo, hay que tener la capacidad de previsualizar a un nivel muy alto. Si el director no tiene tal capacidad, debe rodearse de gente que sí la tiene. El don de poder anticipar los detalles del proyecto, en su totalidad, produce una flexibilidad y confianza que se difunde rápidamente por todo el grupo. Y te ahorrará cantidades de dinero.

–El axioma normal es que si se corta todo lo que no sea necesario a nivel del guión, se ahorra 100% del presupuesto. Si se corta todo lo que no sea necesario a nivel de la preproducción, se ahorra el 20%. Y si se corta todo lo que no sea necesario durante la producción, se ahorra solo 5%.

–¡Y hacer tales cortes en la sala de edición es todo un desastre!

- Bart Gavigan, Spark Producciones

–Algunos detalles *no creativos* para considerar...

–Consigue seguro de responsabilidad civil (un mínimo de $1 millón de dólares.)

–Consigue permisos por escrito, y números de carnet de identidad de cada persona del equipo, del talento, etc., tanto de los que se van a pagar como de los que no reciben pago.

–Consigue permisos con firmas para todos los materiales (fotos, vídeos, etc.) de las personas los que contribuyen a la producción.

–Siempre se debe tratar de negociar "con perpetuidad" para todos los servicios y materiales que se usen (narraciones, la música de videotecas, tomas de archivo, etc.).

–Nunca se debe usar ningún tipo de material con derechos reservados, sin permiso (logos de corporaciones, ropa que lleva logos, los afiches que aparecen en las tomas, la música que se toca como trasfondo, etc.)

- Bruce R. Bennett, productor, Creative Inspiration

CAPÍTULO 7 REPASO: PRESUPUESTOS

1. Hay que pagar al personal y a los vendedores, y para los servicios y las instalaciones.
2. Maneja sabiamente las finanzas de la producción.
3. Encuentra y usa un software de presupuestos para mantenerte al día con los gastos.
4. Como calculas y manejas tu presupuesto es sumamente importante para el éxito de la preproducción y la producción. El presupuesto también impacta el trabajo de posproducción, fechas tope y entregas.
5. Contactar al ministro y/o departamento local de filmación (del país, la provincia o la ciudad) puede ser de mucho valor.
6. No existen dos filmaciones exactamente iguales.
7. Hay que tener cuidado dónde y cómo se hacen economías.
8. Bien hecho. Rápido. O barato. Elige dos.

CAPÍTULO 8: CLIENTES Y TALENTO

Los Que se Mueven y se Agitan

•

–Cuando los elefantes pelean, pisotean la hierba.

- *Proverbio africano*

CLIENTES

En el transcurso de los años, he tenido el privilegio de trabajar con clientes notables y con los no conocidos también. Ha sido una amplia variedad de redes nacionales, agencias y compañías de producción por un lado, y por otro lado, pequeños grupos, negocios o asociaciones humanitarias que deseaban crear un documental de promoción, o un segmento, que relatara bien su historia o vendiera su producto. Unos clientes han sido difíciles, y otros fueron tan profesionales y cumplidos que yo haría cualquier cosa para poder producir proyectos con ellos otra vez.

He tenido clientes que me pagaban todos los gastos de antemano para acelerar el proceso de la producción, y otros que tuve que perseguir durante meses para que me entregaran todo lo que me debían. Pero, por supuesto, estos últimos eran los que necesitaban el master del programa *inmediatamente* que yo lo hubiera completado.

Muchos clientes honraron el contrato que hicimos con ellos, pero otros estaban siempre tratando de cambiar nuestro acuerdo, para beneficiar su propio flujo de fondos... o para conseguir la cinta master.

He tenido clientes que fueron muy amables en las primeras reuniones pero se volvieron difíciles al final. Hubo aquellos que no sabían lo que querían hasta después de que lo hubiéramos filmado, editado y mostrado... y *luego* empezaban con un sin fin de cambios al guión, la música, la narración y la edición.

¿Dónde empiezo?

Me parece que en vez de los clientes pedirnos a nosotros nuestras referencias, tal vez nosotros les deberíamos pedírselas a ellos. No lo digo en broma. Si usted es un productor independiente, tiene que saber con quien va a hacer negocio. Si son novatos en cuanto a producción, o si tienen un conocimiento limitado de los medios y el potencial y poder de los mismos, entonces te toca a ti guiarlos de la mano hacia la "Tierra Prometida".

Si vas a trabajar con un programa o una serie ya establecida, es probable que ya exista una cultura que caracteriza esa compañía de producción. Averigua como es esa cultura, lo más pronto posible. Pregunta a varias personas. Consigue algo de retroalimentación. ¿Cuál es la reputación de los productores que filman ese programa? Aún el asistente de producción o la recepcionista puede tener una opinión que te daría una idea más clara de como funcionan las cosas. Debes saber.

Cabe decir lo siguiente: **la mayoría de los clientes son buena gente que está tratando de realizar su meta por medio de un comercial, un vídeo, una película, un show para televisión o un documental.**

•

VÍDEOS DE PUEBLOS NO ALCANZADOS

Una sencilla pero importantísima llamada telefónica, en los primeros años de mi vida profesional, cambió todo para mí. Fue una conversación con Ed Nelson, el director del departamento misionero de comunicaciones de una conocida denominación evangélica, Las Asambleas de Dios, con sede en el estado de Missouri.

Yo apenas había completado un proyecto muy exitoso de vídeo, que se filmó en Tailandia. Fue un hito, un vídeo que logró realmente establecer, tanto para Ed como para las Asambleas de Dios, que yo podía alcanzar un alto nivel profesional, en la producción de una historia de calidad. El vídeo de Tailandia resultó ser una deuda de amor, en la cual invertí incontables horas de edición, y se notaba.

Al llamar a Ed ese día, yo estaba indagando, de manera exploratoria, para saber si él y su grupo querían tal vez producir más vídeos como el de Tailandia. Le pregunté a Ed, –¿Quieren hacer más? Ed se quedó callado, por lo que parecía un largo rato, antes de contestarme. –Si, quisiera hacer seis.

Su respuesta me atolondró. Seis vídeos significaría lanzarme solo, sin la cobertura del grupo humanitario grande con el cual yo trabajaba como productor de documentales en ese entonces. El vídeo de Tailandia fue filmado durante unas vacaciones mías. Pero seis vídeos, para una nueva serie, tomaría por lo menos dos años, según mis cálculos. Aquello era un proyecto grande, mucho más de lo que yo había logrado en dos semanas de vacaciones.

En los siguientes diez o quince minutos de conversación con Ed, bosquejamos lo que llegaría a ser la serie de vídeos llamado *Pueblos No Alcanzados*. Resultaría ser una exploración extensa de las creencias espirituales de personas en todas partes del mundo. Y esos seis vídeos finalmente se convertirían en trece documentales de veinte minutos cada uno, filmados durante cuatro años, con viajes a 44 países.

Lo que Ed suplió de manera experta, desde el inicio de la serie *Pueblos No Alcanzados,* era lo que todo cineasta o productor de vídeos quisiera obtener de cualquier cliente importante.

En primer lugar, Ed tenía una visión específica de exactamente lo que quería que la serie de vídeos investigara y contara. Y Ed pudo expresar esa visión, de forma experta y clara, a través de conversaciones, reuniones y correos.

En segundo lugar, Ed siempre era agradable y fue sumamente fácil trabajar con él. Era muy listo, chistoso, bien expresado, seguro de si mismo y un buen oyente.

En tercer lugar, el tenía confianza total en mi nueva compañía de producción, y en mí también. El confiaba que yo contribuyera mi pericia obtenido durante años de experiencia, junto con el equipo, el personal, el esfuerzo y la ingeniosidad.

En cuarto lugar, Ed nunca tenía prisa, y le sobraba paciencia, porque entendía que el proyecto requería bastante viajes de producción, solo para conseguir el metraje y las entrevistas, antes de siquiera empezar a producir el primer vídeo. Resultó que hicimos cuatro viajes extensos al extranjero y nos tomamos un año de planificar y filmar, para poder escribir el guión, editar y completar el primer vídeo (acerca de Europa Occidental).

Además, Ed contribuyó valiosos recursos, tanto en los Estados Unidos como a nivel global. Tuvimos un presupuesto bastante manejable y siempre nos pagaron a tiempo. Nunca tuvimos que mandar facturas adicionales o esperar que llegara el siguiente pago.

Y Ed también nos proporcionó contactos y recursos, a través del mundo, quienes estaban relacionados con su grupo. Dondequiera que fuéramos con los camarógrafos, había obreros y personal de las Asambleas de Dios, presentes y listos para ayudarnos. Nos organizaron las entrevistas, nos llevaron a las locaciones y nos dieron información que inculcaba visión al proyecto. Teníamos una abundancia de recursos, de gente, transporte y material en cuanto a apoyo local.

No recuerdo ningún conflicto ni malentendido entre Ed y yo, sobre ningún asunto, ni grande ni pequeño. El flujo tranquilo de respeto, confianza y comunicación entre nosotros era algo ideal. Y cuando hubo algún conflicto en el campo, Ed se encargaba de solucionarlo personalmente, por teléfono, fax o carta. Esto último incluía asuntos de política, que aveces surgían desagradablemente, al movernos por los territorios de otros y por sus áreas de influencia.

En nuestros viajes, Ed nunca nos acompañó. Ni tampoco nos pidió informes detallados. Solo quería que le pusiéramos al día de vez en cuando. Ed solo "metía la mano" cuando era realmente necesario, mayormente durante las etapas de planificación, escritura de los guiones y edición. El hacía cambios pequeños de algún punto, o una que otra palabra. Ed a veces elegía otra toma o nos daba una sugerencia sabia después de ver el borrador. En el 90% de los casos, sus contribuciones hacían que la secuencia fuera más impactante, mejor o de mayor inspiración.

Y Ed podía prever unos seis o doce meses del cronograma total, y anticipar las locaciones y los viajes futuros. Durante nuestras dos o tres reuniones anuales, programábamos los países y las tareas con bastante anticipación para poder aprovechar el clima y las condiciones ideales. Así, casi nunca filmamos durante épocas de mucha lluvia, calor ni frío, lo que significaba que llegábamos a un país o una región cuando el ambiente para filmar era el mejor. Esto nos sirvió mucho, vez tras vez, dándonos climas y condiciones óptimos para trabajar.

Ed Nelson fue absolutamente el mejor cliente que jamás he conocido en toda mi vida profesional. Ed comprendía completamente el verdadero poder y potencial de los medios y del vídeo. El también estaba dispuesto a aprender, y era capaz de hacer suyos los conceptos de producción que nosotros le explicábamos.

Al fin y al cabo, Ed me consintió, porque el era el cliente ideal con quien todos anhelamos trabajar, todo el tiempo. Y por esa respuesta suya, –Si, me gustaría hacer seis vídeos, estaré por siempre agradecido.

Gracias, Ed. Eres lo máximo.

•

LOS CLIENTES SON IMPORTANTES

Todos nosotros, en el mundo de producción, trabajaremos con o para un cliente, en algún momento de nuestra vida profesional. A menos que te puedas autofinanciar, es inevitable que algún cliente, en algún momento, te contrate para algún proyecto. Aún si has levantado los fondos y has filmado el documental de tus sueños, tendrás que negociar un día con directores de festivales de películas, o representantes de distribución, o ejecutivos de televisión. Todos ellos también son "clientes". Es importante, cuando sea posible, que comprendas desde el principio, la perspectiva de estos diferentes tipos de clientes.

Si se trata de un *festival de películas*, van a querer que tu proyecto encaje con el programa de ellos. Tal vez tendrán que escoger entre centenares o miles de presentaciones. Si escogen el tuyo para los finales, felicitaciones por ser parte de la primera selección! Pero luego hay que hablar extensamente de estrenos, presentaciones y publicidad.

Si se trata de *distribución o licencia para distribución (licensing)*, tal vez deberías contratar a un abogado acreditado de la industria, o un agente. Haz preguntas y consigue referencias y recomendaciones. Un buen abogado o agente es aquel que trabaja para TI, no para si mismo.

Si estás filmando para una *agencia de publicidad*, van a tener ciertos requisitos, los cuales incluyen el profesionalismo, en tu manera de vender los servicios de su cliente o de su producto específico. Habrán directores y representantes de empresas que serán MUY activos en el proceso de filmar, producir, editar y narrar el segmento o comercial. Mi sugerencia es que debes tratar de estar en la misma onda con ellos desde el inicio. Hay que hablar claramente de las definiciones de los papeles de cada uno. Mantén abiertas las lineas de comunicación para poder resolver conflictos y seguir adelante.

Si tu cliente es una *corporación, empresa, fundación o grupo humanitario sin fines de lucro*, será importante saber como se va a usar el proyecto que estás produciendo, cual es el tema y mensaje del mismo, quienes serán los que lo verán, y cual es la importancia del proyecto total. Asegúrate de conseguir un contrato o memorando por escrito, con los detalles específicos de quién va a hacer cuál cosa, el presupuesto y los arreglos del pago, el horario de filmación, las aprobaciones, las fechas de entrega y la finalización. Hay que hablar de todo esto desde el principio.

A veces uno será contratado por otra productora que ya tiene un proyecto en marcha, con presupuestos establecidos y un calendario de producción y edición. En algunos casos tendrás que completar algún formulario de impuestos y entregar tu factura por los servicios específicos que has brindado.

Si has trabajado antes para aquella empresa, y ya tienes una relación establecida con ella, vas a trabajar con cierta familiaridad. Pero si eres nuevo en la compañía, pregunta, escucha y aprende lo que son las expectativas desde el principio. ¿Cuándo empiezan a pagar las horas extraordinarias? ¿Es el día laboral de ocho o diez horas? ¿Qué tipo de filmación quieren hacer? ¿Hay algo especial o particular en cuanto al cliente, la filmación o el show? Estas preguntas te ayudarán a entender mejor las definiciones de los roles y las condiciones físicas de la producción. Después de ver algunas tomas, entenderás como se está filmando el proyecto y lo que los líderes esperan de ti.

En fin, ciertos clientes pueden ser muy exigentes y a veces demasiado difíciles. Si son exigentes, por lo general hay una razón. Averigua cual sea la razón, y como afectará tu trabajo, tus responsabilidades, y el proyecto en sí.

Si son muy difíciles, tendrás que decidir si quieres seguir trabajando con y para ellos. ¿Son irrazonables? ¿Poco realistas? Si es así, ¿por qué o por qué no? Depende de ti. Si su comportamiento decae hasta crear un ambiente laboral hostil, o de abuso o acoso sexual (y eso sí puede pasar), tienes ciertos derechos. Ejércelos.

Si hay conflictos, trata de resolverlos pronto. Generalmente, si las tensiones se dejan enconar, habrá llanto y rechinar de dientes durante todo el proyecto. Comuníquense seguido, no se acusen uno al otro, y traten de mantener las emociones calmadas y razonables. Por eso son tan valiosas las evaluaciones. Todos los días se pueden abordar y rectificar los problemas.

A pesar de todo, los clientes, en su mayoría, tanto grandes como pequeños, son buena gente, maravillosa y talentosa, y todos desean realizar algo muy especial.

Por eso te han contratado a ti.

•

TALENTO

Ha sido mi privilegio trabajar profesionalmente con gente muy famosa. Cantantes, estrellas de rock, actores, atletas. Vez tras vez, ha sido maravilloso trabajar con ellos y nos han provisto excelentes entrevistas y presentaciones a cámara (stand-ups). Su participación causó que la filmación prosiguiera más fluida y rápidamente, y que fuera más profesional. Y siempre contaban historias fantásticas, fuera de cámara.

Las únicas veces que he tenido dificultades con una "estrella" es cuando he trabajado con los que se podrían considerar menos célebres, los que antes tuvieron papeles menores en la televisión o en películas pequeñas. O con una persona cuya "estrella" había desvanecido mucho tiempo atrás. Daban la impresión de creerse mucho más importantes de lo que realmente eran. Su actitud y sus exigencias (y los de su agente) a veces daban vergüenza. Pero aquellas fueron ocasiones muy raras.

Lo maravilloso de trabajar con profesionales es que muchas veces hacen que el guión cobre vida, además de poder hacer sus presentaciones en una o dos tomas. Saben hablar, caminar y actuar de manera coherente. Por eso hacen lo que hacen tan bien; son increíblemente expertos. Y los años, o décadas, de experiencia que tienen, marca la diferencia en el producto final.

Las estrellas traen algo a la pantalla que los novatos no pueden traer.

Además de las estrellas, hay tres otros tipos de talento que vamos a tratar en este capítulo, para abarcar más completamente el tema de talento: **presentadores, actores y narradores**.

Si tienes un guión dramático que requiere actuación, **escoge los mejores actores que puedas encontrar**. Si alguien es la persona idónea para la actuación o presentación, pero cobra más de lo que el presupuesto permite, trata, de alguna manera, de conseguir su participación. Haz todo lo posible por lograr un espacio en el presupuesto para un buen actor.

Un buen actor mejorará un guión mediocre. Y un gran actor llevará el buen guión a un nivel aun más alto. Sus esfuerzos se verán en la pantalla.

Los presentadores a cámara son de igual importancia que los actores. Son los que establecen el tono y el ambiente de tu presentación, mientras comunican la información. Busca a presentadores que ya lo estén haciendo profesionalmente. Los guapos y las bellas son buenos, pero los profesionales y naturales son mejores.

A veces el cliente va a querer usar el anfitrión local de noticias o un talento de menor calidad pero uno que es popular en aquella región. O tal vez un pariente lejano de su esposa. Y te va a presionar. Pero es mucho mas importante escoger la persona que sea apropiada para el papel que has escrito, y que es totalmente profesional en su presentación.

No escatimes esfuerzos para conseguir que las mejores personas aparezcan frente a la cámara. Ellas son las que estarán en la pantalla, contando tu historia. A veces tendrás la gran suerte de contratar los servicios de un conocido actor que cree en tu causa. Trátalo bien porque te está haciendo un gran favor, y está beneficiando el proyecto también.

En fin, busca hasta encontrar el mejor presentador posible.

Finalmente, yo creo que narradores excelentes valen oro. Por supuesto, te van a cobrar mucho por sus servicios. Pero podrán traer vida al guión, solo por la forma de su lectura, entonación y acentuación.

He tenido mucho éxito con los narradores a través de los años. Y trabajar con el 99% de ellos es todo un placer. Hoy día, muchos de ellos trabajan en estudios lejanos... así que ni siquiera los vas a ver. Pero son sus voces las que guiarán la edición de las imágenes en el producto final.

Mis únicas sugerencias al trabajar con narradores son las siguientes:

Primero, hay que asegurar que has conseguido la *voz correcta* para el guión. Escucha algunos demos en CD o sitios web que demuestren las habilidades de varios narradores, y escoge algunos que parecen ser los más apropiados. Pídele a un agente de casting que consiga unos demos con estas voces, haciéndoles leer una página del guión.

En segundo lugar, luego de elegir el narrador correcto, *explica a esa persona específicamente lo que buscas*. Hay que decirle si es un promo con alta energía o un documental de animales silvestres, o una investigación de corrupción política. Cada género requiere un estilo diferente de lectura.

También, procura que el *cliente y los productores estén de acuerdo con la voz que eliges.* En algunas ocasiones he tenido que cambiar la narración, porque al cliente no le gustaba el narrador que yo había escogido, aunque yo pensaba que era la persona idónea. Asegúrate que todos estén contentos con la voz que eliges.

Además, asegúrate que el guión esté totalmente terminado antes de ir a grabarlo. Cada vez que regresas al narrador con cambios en el guión tienes que hacer pagos adicionales. Termina el guión, y después puedes grabar.

Finalmente, *no desgastes al narrador.* No hay que hacer veintisiete tomas de un solo párrafo, cuando tu instinto te dice que el número cuatro era excelente. Claro se debe hacer una toma extra, para estar seguro. Pero hacer más de diez tomas y seguir y seguir solo muestra tu indecisión. Con la dirección y retroalimentación apropiada, un narrador profesional puede producir una gran narración dentro de tres o cuatro tomas. Y si tienes un guión largo, las múltiples tomas significan que nunca terminarás de grabar. Es entonces que entra la fatiga.

Actores, presentadores y narradores son un recurso valioso y creativo para tu proyecto, tanto en la pantalla como fuera de ella. Busca la persona correcta para el papel, y luego permite que ella imparta vida a tus palabras e imágenes.

Un consejo sobre trabajar con las personas que aparecen frente a la cámara. Trata a la gente común y corriente como si fueran personas FAMOSAS. Y trata a los famosos como si fueran COMUNES y CORRIENTES.

•

SAN FRANCISCO, CA

Ya que este es mi libro, voy a darme el lujo de mencionar por lo menos una estrella con quien he trabajado.

El personaje profesional más amable, más tranquilo y más profesional, con quien jamás haya trabajado yo, fue Tony Bennett, el cantante legendario de jazz.

Cuando yo trabajaba para la serie nocturna, *In Concert,* de la red nacional ABC en los Estado Unidos, fue un gozo y un privilegio entrevistar al Sr. Bennett, mientras el promovía un nuevo CD que había grabado con la música del actor y cantante ya fallecido, Fred Astaire.

Estábamos en el majestuoso Hotel Fairmont de San Francisco, California. Nuestro equipo se había instalado a un lado del enorme lobby. Siendo yo director, me indicaron cual era la habitación donde se hospedaba el Sr. Bennett, y unos quince minutos antes de la filmación, fui a tocar a su puerta. El me abrió, me saludó y yo me presenté. Ya estaba listo, así que salió y nos dirigimos juntos hacia el elevador, platicando en el camino.

Pasamos por el gran lobby, y las personas que reconocieron al Sr. Bennett, al verlo caminar hacia nuestro "set", inmediatamente le abrieron paso, como si fuera Moisés abriendo el Mar Rojo. A cada persona que le saludaba a él, el Sr. Bennett se mostró muy cortés. Gran sonrisa, voz fluida, saludos, muy amable.

Nos sentamos, le colocamos el micrófono solapero, ajustamos las luces un poco, y yo le dije unas reglas básicas de la entrevista. El estaba totalmente de acuerdo con todo. Y así empezamos a hablar con uno de los más famosos cantantes del mundo, durante unos treinta minutos.

El Sr. Bennett no pudo ser mas amable ni más fácil de tratar. Lo que uno veía en él, era exactamente su forma de ser. Tony Bennett era un hombre elegante y tranquilo. Y nada pretencioso. Yo le hacía preguntas acerca del nuevo álbum, y el respondía con excelentes declaraciones (sound bites). Le pedí que hiciera una observación acerca de Astaire, y el hablaba de la atención que Astaire daba a los detalles y a los ensayos. Todas las respuestas de Bennett resultaron ser excelente material para el segmento final que saldría al aire. Y en poco tiempo terminamos.

Nunca he trabajado con una persona profesional tan maravillosa, con tan pocas exigencias y nada de mala actitud. Tony fue Tony. Súper tranquilo.

Ojalá que todos lleguen a la madurez de Tony Bennett algún día.

•

TÁCTICAS DE LOS PROFESIONALES CON CLIENTES/ TALENTO

–Cuando uno habla con actores (conocidos o no conocidos), a los entrevistados, huéspedes, etc., nunca se debe tratarlos con demasiada familiaridad. SIEMPRE se les dice "Sí, señor y Sí, señora", hasta que ellos mismos te digan de lo contrario.

- Charley Buchanan, PBS camarógrafo

–Hace años dirigí un cortometraje para un cliente comercial de Asia. Lo filmamos en Canadá porque no querían pagar los salarios de los Estados Unidos, y también estaban apresurados a causa del horario del cliente. Como resultado, me presionaron a seleccionar actores que yo no conocía personalmente y que realmente no reunían las calificaciones que sus papeles requerían. Fue la peor experiencia que jamás he tenido, y un gran error tanto estratégico como creativo.

–Al planear una producción, hay pocos asuntos de mayor importancia que el talento. No importa que excelente sea tu guión, o que excepcional seas en dirigir, porque sin un actor o narrador excepcional para presentarlo, el proyecto estará destinado al fracaso. El error más grande que hacen los cineastas y productores novatos es es ahorrar plata al contratar al talento. No lo hagas. Invierte. Toma tiempo. Busca personas capacitadas. Nunca lo lamentarás.

–Una de las cosas que aprendí fue la potencia de la palabra "*no*".

–Yo dirigí un vídeo musical aquí en Los Ángeles con un artista que en ese entonces era un reconocido intérprete de Broadway. Era una filmación complicada en un set enorme. El vídeo saldría al aire, a nivel global, la noche del año nuevo de 2000, para celebrar el nuevo milenio. Pero desde el momento que firmamos el contrato con el artista, su agente se volvió muy quisquilloso. No le gustaba el estudio que escogimos. No le gustaba el horario. No le gustaba el estilo del vídeo. No le gustaba nada de lo que le ofrecíamos. Traté de ser amable y complaciente, pero nada me funcionó.

–Por fin, una semana antes de la filmación, el agente llamó y estaba quejándose de algo nuevo. En mi desesperación exclamé, –Mira, es obvio que usted no está contento con la filmación, ni el proyecto, ni mis decisiones, ni nada más. Y si usted no está contento, su cliente estrella no va estar contento. Entonces ¿por qué no cancelamos todo, ya de una vez? Creo que sería lo mejor para todos. Después de un momento incómodo de silencio, el agente cambió totalmente. –O, no, no, no. Usted no me comprendió, me estaba rogando. –Yo solo quería ayudar. De allí en adelante se volvió tan manso como un corderito. Nos animaba, nos apoyaba y el día de la filmación, a cada rato me estaba trayendo café.

–Con ese proyecto aprendí que hasta que uno esté listo para decir que *no*, el "*sí*" no significa nada. Nunca subestime el poder de dar la vuelta y largarse. No lo use demasiado, pero cuando sea necesario, tiene que estar listo para decir que NO. Cuando aprenda eso, todo cambiará.

- Phil Cooke, director premiado de cine y televisión

–Me acuerdo que hace años, cuando tenía que entrevistar a una persona célebre, me quedaba atónito, cautivado por su fama. (No puedo mentir. Hasta la fecha me pongo así). Tengo algunos consejos:

–Enfoca en el proyecto, no en la estrella. Muchas personas (y yo soy uno de ellas) se distraen al estar con gente célebre. Al hacer el esfuerzo de enfocar toda tu atención en lo que beneficiará al proyecto, parecerás ser menos nervioso y probablemente la estrella se sentirá más tranquila.

–¡No dejes que la "celebridad" te domine! Olvídate de los autógrafos, las fotos, etc., por lo menos hasta después de la filmación. Muchos cineastas jóvenes son exagerados en su admiración de la estrella, y puede resultar ofensivo para la persona célebre.

–Recuerda que son personas, como tú. Quieren que el proyecto salga bien, como lo quieres tú. Si eres cortés, profesional y no les dejas ver que estás cautivado por su fama, vas a estar muy bien.

- Biagio Messina, Joke Producciones

–Los mandamases nunca andan solos...siempre van acompañados de asistentes.

- Bob Sheiffer, CBS News

–Nunca se debe tomar fotos de o con las estrellas mientras uno esté trabajando con ellos. Es una falta total de profesionalismo. El set debe ser un lugar donde se pueden esconder del paparazzi y hacer su trabajo sin sentirse perseguidos. Claro que hay excepciones, pero cuando la gente toma vídeos o fotos a escondidas para luego ponerlos en *YouTube* o *TMZ*, ¡es una estupidez!

- Steve Thiel, camarógrafo

–Nunca es la responsabilidad del cliente preguntarte, ni decirte nada, ni comprender nada de lo que tiene que ver con películas, televisión o los medios. Es TU responsabilidad informarle a él.

- Dr. Marty Cohen, Cohen-Brown Picture Company

–Un consejo: Considera que se puede multiplicar la distribución de tu documental al hacer versiones en diferentes idiomas. Pero cuidado con las traducciones convencionales, y busca siempre la mejor adaptación del guión a los otros idiomas.

–Finalmente, se debe pensar en buscar las voces correctas para la narración y los "voice-overs". Esto se aplica a todas las versiones en otros idiomas, incluyendo el original. Por estar tan enfocados en las imágenes, algunos productores de documentales se olvidan de dar importancia a la música y a las voces. Conseguir las voces apropiadas va a contribuir en gran manera al éxito del documental.

- Constantino de Miguel, dueño de estudio de grabación

CAPÍTULO 8 REPASO: CLIENTES Y TALENTO

1. Los clientes, en su mayoría, son buena gente y tienen el deseo de realizar sus metas, a través de comerciales, vídeos, películas, shows de televisión o documentales.
2. Escoge los mejores actores que puedas encontrar.
3. Un buen actor mejorará un guión mediocre. Y un gran actor llevará el buen guión a un nivel aún más alto. Su esfuerzo se verá en la pantalla.
4. Escoge la mejor persona, aunque cueste un poco más, para estar frente a la cámara.
5. Narradores excelentes (para los "voice-overs") valen oro.

CAPÍTULO 9: COLEGAS Y PERSONAL

Escoger el Equipo Correcto

•

–No me ilusiono demasiado con lo inteligente que soy o no soy, porque hacer películas, al fin y al cabo, es trabajar en equipo.

- Guy Ritchie, director de películas

Tener el equipo correcto trabajando en tu proyecto es sumamente crítico para el éxito del mismo.

Una producción raramente se hace en un vacío. Hay muy pocos "hombres (o mujeres) orquesta", aunque algunos sí existen. Que yo sepa, el único que podía "hacerlo todo" fue Stevie Wonder, el cantante ciego que tocó todos los instrumentos y cantó todas las canciones para uno de sus discos. Pero a pesar de los talentos y destrezas admirables de Stevie, él siempre necesitaba un ingeniero de grabación para ajustar los niveles de sonido y hacer las cintas master. El también dependía de un asistente en el estudio para colocar los micrófonos, instalar los cables y montar los pedestales. A pesar de su presencia en todo aspecto del disco, él necesitaba ayuda.

Producir películas, por naturaleza, es un proceso colaborativo. Casi todos tendrán que contratar a y depender de otros miembros del equipo para realizar ciertas tareas específicas del proyecto total. Eso incluye guionistas, directores, productores, asistentes de producción, compositores de música, artistas de maquillaje, editores, asistentes y directores de iluminación, operadores de vídeo, camarógrafos, grips, choferes de camiones...y la lista sigue.

Me gusta contratar a gente con talento y experiencia que son mucho mejores que yo en su especialidad.

Mis destrezas como camarógrafo son bastante buenas, pero suelo contratar a otros que sean superiores que yo en sus habilidades con la cámara. Así no tengo que preocuparme tanto por las tomas o los encuadres, y solo me concentro, como director, en la entrevista o la actuación. Además, un buen camarógrafo hará sugerencias técnicas o de encuadre, lo cual agrega calidad y creatividad a la filmación.

Mis destrezas con la iluminación son buenas, pero acostumbro contratar a un director de fotografía profesional para cualquier filmación más extensa que una sencilla entrevista. El segmento se verá mucho mejor como resultado, porque un especialista en la iluminación conoce varios trucos, que nunca me hubieran ocurrido a mí, para iluminar y realzar la escena.

Contratar a gente mas capaz profesionalmente que uno mismo es una señal de seguridad y confianza. Y darles el crédito que merecen demuestra desinterés y amabilidad.

En muchos proyectos, hago los cortes iniciales de mis entrevistas, y luego organizo mis declaraciones y mis visuales según ciertas categorías en *Final Cut Pro*. Pero después de formar un cronograma básico y acomodar los segmentos en una que otra secuencia posible, luego contrato a un editor profesional para que tome aquellos ingredientes "crudos" y los convierta en un proyecto mejor y más pulido. Es como preparar un pastel o una torta. Yo reúno todos los ingredientes, pero el editor es el que me ayuda a mezclarlo todo y "hornearlo", y aún agregarle las decoraciones al final.

Mi colega, Jeff Callaway, es un mejor sonidista que yo, y ha sido nominado para cinco premios Emmy por su trabajo en las series televisivas *COPS* y *The Rockford Files*. Por lo tanto, le invito a muchas de mis filmaciones, y él trae su mezclador portátil de sonido, sus cables y sus conectores. El se asegura de que todo esté conectado correctamente, mientras que vigila atentamente los niveles de sonido. Jeff se encarga de los inalámbricos, transmisores, el "fish pole", zep y los micrófonos de solapa. No me preocupo del audio. Jeff lo hace.

En el gran esquema, utilizar a gente talentosa no se debe considerar un lujo o algo fuera de lo normal, sino una necesidad primordial.

Sí, la gente técnica y creativa cobra tarifas altas por día, y no sale barato contratarlos. Pero colaboran profesionalmente y directamente contigo, para mejorar la calidad y visión de tu proyecto, cualquiera que sea la forma o el propósito del mismo.

Unos comentarios acerca de llevarse bien con todos: es deseable, pero no es un requisito absoluto, particularmente cuando se trata de contratar a un equipo grande. A veces un poco de tensión puede ser bueno, porque motiva a todos a enfocarse y comprometerse. Pero se debe tratar de mantener buenas lineas de comunicación y resolver todo conflicto lo más pronto posible.

Con tal que todos estén haciendo sus tareas hábil y profesionalmente, no hay que procurase por los pequeños conflictos.

En mi caso, mi experiencia en el extranjero (y realmente con cualquier producción local también) me ha enseñado a buscar gente con sensibilidad artística y con un buen sentido de humor. (Un poco de humor es buena medicina) Hay, naturalmente, ocasiones para la seriedad y otras ocasiones para reír. (a menos que el humor y los chistes no sean maliciosas, insensibles o degradantes.)

Las personas que han viajado extensamente, que son expertos en lo que hacen y también son divertidos, son generalmente con quienes es un placer trabajar. He visto que a menudo tienen una buena mezcla de sensibilidad para filmar en un lugar difícil donde abunde pobreza extrema, como en el Valle Mithari de Nairobi, y también un agradable sentido de humor para levantar el estado de ánimo mas tarde, al cenar juntos en el hotel.

Toma en cuenta que el cinismo y la falta de sensibilidad pueden destruir tu proyecto o filmación. Las personas tóxicas, los que se quejan desde el amanecer hasta la puesta del sol, van a contaminar las aguas comunales para todos los participantes. No contrates a gente crónicamente negativa.

Trata de contratar, cuando sea posible, a personas con experiencia, talento, y buen sentido de humor, quienes van a colaborar contigo, creando buenas tomas y haciendo frente a tus proyectos con destreza, dedicación y esfuerzo. En dondequiera que se encuentren: en diversas locaciones, en el estudio, en el aeropuerto, dentro de la oficina de producción o en la sala de edición.

Cuando eliges un buen equipo, con las personas correctas haciendo las tareas correctas, todos ganan.

•

JAPÓN

Uno de los proyectos más difíciles y preocupantes, en el que yo haya participado profesionalmente, fue un vídeo que filmamos para una corporación en los años 90, en Tokio, Japón. El cliente era una respetada compañía de producción de medios, que me había recomendado a otra productora dentro del grupo. Ella me contactó acerca de un una filmación en Asia, me habló de precios y fechas, y me encargó el trabajo de formar el equipo videográfico, incluyendo el personal y las cámaras. Como asistente, me tocaba servir de administrador de producción y técnico de luces y sonido.

Varios miembros del equipo fílmico, y los clientes, llegaban el mismo día a Tokio por separado. Sin embargo habíamos coordinado nuestros vuelos para llegar al aeropuerto a casi la misma hora. Me encontré con mis nuevos clientes por primera vez en la aduana del aeropuerto, y luego empecé a llenar los formularios de carnét que se requerían para entrar con nuestro equipo a Japón. El oficial de aduana que me atendía hablaba un inglés que era difícil de comprender a veces, así que mal entendí unas preguntas o sugerencias que me hizo, pero al final todo se resolvió.

Para mis nuevos clientes, que estaban a mi lado, mi falta de comprensión de algunas frases representaba cierta falta de aptitud de mi parte. A pesar de mi extenso currículum de viajes y producción en el extranjero, mi torpeza al pasar por aduana hizo que surgieran dudas en las mentes de la productora y el director. Mas tarde hicieron unos comentarios sarcásticos que yo pude escuchar. Ya estábamos empezando mal.

El próximo día en Tokio, los clientes y los miembros de nuestro equipo almorzamos en la oficina de la compañía que nos auspiciaba, junto con unos colegas japoneses. Comer juntos nos daría más tiempo, durante aquel proceso preliminar, para hablar del guión y el horario de la semana. En algún momento durante la comida, yo le eché un poco de salsa soya a mi arroz blanco, y algunos de los japoneses en la mesa me miraron con una cara extraña. Yo había cometido una metida de pata con la salsa soya. Después, la productora y el director me reprendieron varias veces por el "enorme" y muy estúpido error cultural que, según ellos, yo había cometido, dando a entender que mi fracaso era algo que les había traído vergüenza a ellos, a la compañía y a la producción.

Durante las filmaciones en sí, no solo me tocaba encargarme del sonido y los cables, sino también asistía con la iluminación, enchufando los cables en varios de los salones. El director pasó por donde estábamos armando la primera escena, y me criticó por ser tan lento en pegar los cables al piso con la cinta (gaffer tape). Esto ocurrió antes de que las posiciones de las luces se hubieran determinado. No parecía importarle a él que las luces no estaban posicionadas todavía, ni que yo estaba trabajando diligentemente y lo mas rápido posible, haciendo dos tareas a la vez. Me seguían criticando.

En un momento mas tarde, en una atestada sala de conferencias, se estaba considerando el alquiler de una pieza adicional de equipo de vídeo, para la próxima semana de producción, tal vez otro monitor para el uso de los clientes. Esa pieza parecía ser importante para mis jefes. Me preguntaron directamente si conseguir esa pieza de equipo, para el día siguiente, en la gran ciudad de Tokyo, sería posible. En el momento dije que con gusto lo averiguaría y que alquilarla probablemente añadiría un costo adicional al proyecto. Eso resultó ser otro gran error.

Después de la reunión de preproducción, mientras caminábamos hacia nuestros vehículos, el productor se me acercó y me regañó severamente, en voz baja, –¡Nunca jamás vuelva a hablar de costos y dinero en frente de mis clientes así! ¿Me comprende? Y se largó.

Me quedé pasmado, y empecé a preguntarme en cuál frecuencia estábamos transmitiendo...¿en el código Morse? Me parecía que estábamos más bien actuando en una programa de la realidad. Me había regañado por algo que yo ni siquiera sabía que era un error. Me había preguntado como se podría encontrar y alquilar pronto una nueva pieza de equipo, inesperada, en una ciudad que yo no conocía. Ya que nadie me explicó las reglas y políticas laborales, yo me imaginé que el presupuesto podría ser algo que se debería tomar en cuenta y por eso lo mencioné. Pero evidentemente lo que dije avergonzó y enojó a la productora, y ella decidió decírmelo lo más pronto posible.

Mi comentario acerca del costo de alquilar equipo, en un lugar repleto de clientes y colegas, fue, para la productora, como prenderle fuego a pólvora.

Unos días después, en un momento de descanso y café, la productora pidió disculpas, explicando y tratando de justificar sus palabras airadas dirigidas a mí. Se había tranquilizado un poco. Pero el daño ya se había hecho. No me caían bien estas personas y yo no quería trabajar más con ellos.

Lo que antes había sido una filmación exótica en Japón, se estaba convirtiendo en un desastre, por lo menos para mí, el técnico de luz y sonido. Encajar con este equipo era casi imposible. Por favor, ¡sáquenme de aquí!

Si yo pudiera haber salido del país sin correr el riesgo de enfrentar un juicio, y si no me hubiera hecho falta el dinero que me iban a pagar, yo habría empacado mi cámara y equipo y habría tomado el siguiente avión rumbo a mi casa. Pero no podía hacerlo. Tenía que terminar la filmación, porque estaba bajo contrato. No importaba que me sentía tan mal con las condiciones de trabajo; tendría que aguantarlas hasta el final.

La mala comunicación y la sospecha estaban contaminando mi relación laboral con el director y la productora, quienes estaban convencidos de que yo no servía para nada.

Trabajar en un proyecto en un país lejano, donde le tratan a uno con una actitud grosera y hostil, donde le critican por cada palabra que uno dice o cosa que hace, se vuelve deplorable...y miserable. Estaba atrapado con aquel grupo de líderes criticones, literalmente en un callejón sin salida.

Empecé a contar los días que me restaban para terminar y salir de Japón. De ahí en adelante, me quedé callado y no dije casi nada. Mi táctica para sobrevivir era una de mantenerme ocupado con mis responsabilidades, cumplir con mi trabajo tan eficazmente como podía, y tratar en lo posible de hacerme invisible. Mi único consuelo era que había hecho amistad con uno de los clientes del equipo japonés, y me acercaba a él cuando comíamos o viajábamos juntos.

Por fin llegó el último día, y nos despedimos incómodamente en el aeropuerto. Pero no cabía duda que al llegar el director y la productora a casa, y al hacer sus propias evaluaciones de cómo les fue en la filmación exótica en Japón, destrozarían injustamente mi buena reputación. A mí nunca me volvió a llamar, ni pedir mis servicios, esa compañía de producción. Es algo que sucede. Así es la vida.

Si lo pudiera hacer de nuevo, yo les habría pedido a la productora y al director, tan profesionalmente como fuera posible, que me permitieran hacer mi trabajo en paz, y que dejaran de molestarme. También hubiera pedido que me dijeran exactamente cuales eran las normas establecidas para el proyecto. Hubiera tratado de remendar las lineas fragmentadas de comunicación. Es interesante como a veces la gente muy prepotente se retrocede cuando uno se pone firme con ellos. Pero yo era mas joven en ese entonces y quería ser amable y trataba de no agitar las aguas. Hay que verlo como una lección de la experiencia. Lo que unos llaman *un momento de aprendizaje*.

En fin, lo que aprendí de mi proyecto tenue en Japón, es que algunos equipos están destinados al fracaso por razón de las diferencias de estilo y personalidad. A veces las cosas simplemente no funcionan. Con la experiencia, te darás cuenta de que es imposible mantener a todo cliente y productor contento, todo el tiempo y en todo proyecto. Si puedes agradar a siete de cada diez clientes, productores, representantes de agencias u otros líderes, tu promedio es bastante alto.

Eso sí, la filmación en Japón me enseñó a tener mucho cuidado con lo que digo en una sala de conferencias llena de gente, aún cuando me hagan preguntas directas.

Y que nunca, nunca, jamás debe uno poner salsa soya en el arroz blanco.

•

CONTRATAR POR CUENTA PROPIA (FREELANCE)

Uno de los beneficios de trabajar y contratar por cuenta propia, es que si la persona que se ha contratado no resulta ser muy buena en alguna filmación en particular, no hay obligación de volver a trabajar con ella. Un día de producción juntos no significa que están comprometidos a trabajar juntos de por vida. El proceso se puede comparar con la *primera cita* de una pareja, solo para ver como van las cosas.

Si la filmación no va bien, cada uno puede ir por su camino y seguir adelante, sin sentimientos heridos. Si el proyecto y la experiencia son agradables, entonces pueden intercambiar números de teléfonos, correos, o tarjetas de presentación. –Oye, hagamos algo juntos en otra ocasión. Con el tiempo, pueden trabajar juntos en varias filmaciones, a veces durante muchos años. Tengo colegas que he conocido y con quienes he trabajado por más de veinte años. Estoy listo, dispuesto y capaz de subirme a un avión con ellos en cualquier momento.

Es importante conocer el trabajo que otros hacen, y averiguar lo que los demás piensan de ellos.

Si te toca contratar al personal de apoyo o al equipo de filmación, para un proyecto, es preferible hacer un poco de investigación primero. Pregunta a otros camarógrafos, clientes o contactos que han trabajado en producciones con el equipo o individuo en cuestión. Si el candidato menciona referencias en su currículum, con sus respectivos teléfonos y correos electrónicos, contáctalos. Consigue recomendaciones de otros profesionales, no importa cual posición hayan tenido, productor, técnico de iluminación, asistente de fotografía, editor, etc.

Pregunta, ¿Cómo es la persona? ¿Es excelente en su trabajo profesional? ¿Un buen trabajador? ¿Qué tipo de personalidad tiene?

¿Se lleva bien con todos? ¿Difícil? ¿De humor cambiante? ¿Mal hablado? ¿Estable y confiable?

Si el candidato ha acumulado una lista nutrida de créditos, de parte de varios clientes notables, entonces anda bastante bien. De otro modo, no se hubiera mantenido siempre ocupado y empleado. No es necesariamente el caso todas las veces, pero si es cierto en la mayoría de los casos.

Observa unas muestras de su trabajo, visita su sitio web. Llama y conversa con él. Haz una cita con él en un café o en tu lugar de negocio. Todo lo que sea apropiado, para ayudarte a conocer su trasfondo y sus talentos, te dará una idea de sus habilidades.

Es un principio fundamental que a la gente le gusta contratar a los colegas con quienes ha trabajado antes. Es el factor de la familiaridad: generalmente vamos con los que conocemos. Ha sido lo mismo en mi caso también. Si me ofrecen la posición de productor o director de una filmación, soy más propenso a llamar a alguien en mi lista de contactos, antes de llamar a una persona desconocida. Tengo mas confianza con una persona que ha "caminado por el fuego conmigo" que con alguien que no conozco para nada.

El legendario productor ejecutivo de *The Amazing Race*, Bert van Munster, cuenta con muchos de los mismos "veteranos de las batallas" con quienes ha trabajado durante muchos años y en decenas de países. El 90% del personal fílmico ha trabajado con Bert antes, en alguna instancia, y unos cuantos han estado con él desde el inicio de la serie. (Lo mismo se puede decir de los productores también.)

Bert, durante sus viajes extensos, ha compilado su propia lista de camarógrafos, sonidistas y otros profesionales que le han ayudado en cuanto a lo técnico y la logística. Los miembros del equipo de producción vienen de todo el mundo, no solo de los Estados Unidos. Proceden de Israel, Sudáfrica, Canadá, Inglaterra, Brazil y varios países de Europa. Sus países de origen son irrelevantes para aquella serie tan masiva y global. El personal de *The Amazing Race* es sumamente confiable, cada uno está en excelente condición física y siempre logran el resultado deseado. Los miembros del equipo son los camarógrafos y sonidistas más trabajadores que tú jamás podrías encontrar, a veces trabajando hasta veinte horas por día. Bert cuenta con las personas que conoce y en quienes puede confiar. Son muy raras las veces que le hayan decepcionado.

Si eres nuevo y sin experiencia, es importante que aparezcas en la lista de contactos de personas estratégicas. Quieres que suene tu teléfono, o que te llegue un correo o un mensaje de texto, preguntando si tienes unas fechas disponibles para trabajar. Para que eso suceda, es preciso: a) Sobresalir en lo que haces. b) Conectarte y mantenerte en contacto con posibles colegas. c) Presentar una constante actitud y ética de trabajo excelentes, junto con las habilidades artísticas o técnicas que el trabajo exige.

Ser una persona amable y simpática ayuda bastante. Ser digno de confianza es una enorme bendición también.

•

HAVANA, CUBA

Contar con una persona dedicada y confiable para ayudarte en otros países, regiones, provincias, estados o ciudades que no conozcas, es absolutamente esencial.

Un buen coordinador de producción, investigador de locaciones guía, traductor, chofer o asistente de producción es una importante, aunque no permanente, parte del equipo. Sus conocimientos, destrezas y habilidades pueden contribuir al éxito o al fracaso del proyecto. Sin ayuda en un lugar desconocido, estarás vagando solo, tratando de averiguar todo por tu cuenta, mientras que pierdas tiempo valioso porque estás navegando por caminos, gente, culturas, idiomas y locaciones ajenas.

Una de tales personas valiosas, quien me ayudó de manera experta en Cuba años atrás, es una administradora de locaciones llamada Belkis. (No menciono su apellido por razones de seguridad) Sin su ayuda, yo hubiera terminado en una cárcel sucia y tenebrosa o me hubieran despachado del país de inmediato.

De todos los países donde he dirigido y filmado, Cuba sigue siendo el más paranoico. Pareciera que todo el mundo estaba espiando a su vecino o compañero. Conversaciones en restaurantes podían ser escuchadas y reportadas. Se abren, leen y vuelven a sellar cartas que llegan por correo. Se vigilan ciertas calles, se anotan nombres. Hay un nivel clandestino de comunicación que se difunde por esta aislada y cerrada isla caribeña, debido al temor y el poder de Fidel Castro, y ahora de su hermano, Raul, también.

Visualmente, La Habana es una de las más bellas ciudades destartaladas del mundo. Los edificios han sostenido la degradación del sol tropical y las lluvias continúas. Casi nada se repara ni se pinta de nuevo. Aquella presentación descolorida y descuidada le da un aspecto singular a la capital deteriorada. Desgastada y andrajosa, La Habana está llena de texturas y detalles, y la gloria pintoresca de antaño.

Hace años yo organicé una filmación en Cuba, con el motivo de cubrir la famosa industria sexual, para una serie televisiva *Investigative Reports*, con el legendario y muy respetado anfitrión, Bill Kurtis. Llegué a La Habana por medio de otro país, con una visa para entrar a Cuba, pero sin un permiso válido para filmar. (No importaba mucho, ya que, de todos modos, Fidel nunca hubiera estado de acuerdo con el tema de mi proyecto.)

Entre los productores y gerentes de televisión de la isla, Belkis se conocía como la “remediadora.” Ella podía arreglar todo lo que el equipo fílmico requería para hacer su filmación de manera adecuada, incluso mantenerlos bajo el radar de los oficiales cubanos y la policía, si fuera necesario. Desde buscar locaciones hasta el transporte y la traducción, Belkis lo hacía todo y conocía La Habana como ninguna otra persona. Y era un placer estar con ella porque era amable, genial y con un agradable sentido de humor. También conocía los mejores lugares para comer, hacer compras y visitar sitios turísticos.

Para un segmento potencialmente tan peligroso, lo maravilloso de trabajar con Belkis era que ella comprendía, después de muchas filmaciones con equipos de otros países, los requisitos y la naturaleza particular de televisión, especialmente que un equipo fílmico quiere aprovechar el tiempo sabia y productivamente. Para ella, no había mañana. Ya había citado un vehículo con chofer para mí, y había explorado varias locaciones claves. Belkis conocía, por experiencia, donde podíamos grabar varias entrevistas en altas horas de la noche con las "jineteras" (prostitutas) clandestinamente, y como colocar mi cámara cerca de los clubes nocturnos y hoteles llenos de turistas, donde aquellas mujeres ejercían su oficio.

Al reflexionar sobre mis días en La Habana, donde filmamos arriesgada y clandestinamente, me doy cuenta de cuan valiosa fue la ayuda de Belkis al mantenerme realmente a salvo y seguro. Su coordinación experta y sus "remedios" resultaron en la filmación de buen vídeo qué se usó durante un especial de televisión llamado *Distritos de Zona Roja.*

Yo trabajaría con Belkis en La Habana en cualquier momento. Sin su excelente habilidad de coordinar, yo hubiera estado perdido, totalmente. Me alegra que ella hubiera formado parte de mi equipo.

•

TÁCTICAS DE LOS PROFESIONALES PARA TRABAJAR EN EQUIPO

–Primero, reúne la mejor "comunidad" posible. Para mi esto significaba invitar a un grupo de "súper profesionales" para ayudar con la producción, (llegaron de todas partes del mundo!), y agregar a ellos unos estudiantes de la mejor universidad técnica aquí en Inglaterra, y luego mezclar a todo el grupo, los actores, equipo, servidores de comidas, extras y equipos de producción, con un río de amigos, amistades y gente local.

–Al fin y al cabo, tu proyecto fílmico vive o muere dependiendo de la calidad del equipo que has escogido para rodearte.

–En segundo lugar, mentalmente divide esa comunidad entre los que poseen dones y habilidades estratégicos y los que principalmente tienen habilidades tácticas.

–Por ejemplo, uno de nuestros productores ejecutivos generalmente produce grandes mega películas. Cuando me preguntó qué podía él contribuir al proyecto, yo le dije específicamente: luces, cámaras y actores para las hazañas sensacionales. El nos contactó con Panavisión y los del equipo de actores de hazañas estaban a nuestra disposición los días que no estaban trabajando en la película *Robin Hood.*

–En otras palabras, él hizo una enorme inversión en nuestro pequeño cortometraje. Fue resultado de una relación profesional duradera Y TAMBIÉN porque le gustó el guión. Su contribución estratégica fue absolutamente crítica a todo nivel.

- Bart Gavigan, Spark Producciones

–Al reunir un equipo, toma en cuenta que cuando todos están contentos, no siempre quiere decir que el proyecto será exitoso. Hay que mantener al equipo cómodo y seguro, pero recuerda que un choque creativo de ideas puede ser bueno, siempre y cuando todos se enfoquen en un mejor producto y no solo en si mismos.

–En segundo lugar es imperativo tener una cadena de mando. No es lo mismo que una cadena de respeto. El asistente de menor rango trabaja fuerte y realiza una función importante y merece el mismo respeto que el ejecutivo de producción. Si le faltas respeto al mensajero, podrás sufrir las consecuencias cuando vayas a revisar tu proyecto y descubras que se ha perdido.

- Bill Pruitt, productor, NBC Universal

–Un ejército avanza con el estomago lleno. Alimenta bien a tu equipo y estarán dispuestos a hacer cualquier cosa.

–Entérate de las responsabilidades de cada miembro del equipo, y relaciónate con ellos a esos niveles. No preguntes a un técnico de iluminación algo que tiene que ver con la cámara.

–Trabaja fuerte tú mismo. Ayuda a tu equipo, siempre y cuando puedas. Si les muestras que estás dispuesto a trabajar con ganas, ellos también lo harán.

–Reúnete varias veces con todo el equipo, de antemano, y comparte con ellos tu visión de lo que quieres lograr y por que lo quieres lograr.

–Si alguien tiene una idea mejor que la tuya, se suficiente maduro para usarla *y* para darle el crédito a *él*.

–Llega al set ya preparado. Si la gente percibe que no estás preparado, van a funcionar de manera menos eficaz.

–Hazles caso a tus asistentes. Quieren ayudarte. Permíteles hacerlo.

–Sé amable con todos en el set, desde el director de fotografía hasta el asistente de producción menos importante. Eso crea un ambiente productivo y tranquilo.

–Se pueden atraer mas moscas con miel que con vinagre.

- David Carr, Beantown Producciones

–En viajes largos de producción, si es posible, siempre permite a tu gente un día de lavandería. La ropa limpia mejora en gran manera el moral. Y aliméntalos bien. Cansado + hambriento = irritable, lo cual se convierte en un rápido declive en la calidad.

- Alan Lloyd, camarógrafo de luces

–Cuando sea posible, contrate a personas que son mejores que usted.

- Bruce Bennett, productor, Creative Inspiración

CAPÍTULO 9 REPASO: COLEGAS Y PERSONAL

1. El equipo correcto de personas trabajando en tu proyecto es sumamente crítico para el éxito del mismo.
2. Producir películas, por naturaleza, es un proceso colaborativo.
3. Contratar a gente más capaz profesionalmente que uno mismo es una señal de seguridad y confianza.
4. Utilizar a gente talentosa no se debe considerar un lujo o algo raro, sino un requisito primordial.
5. Ten presente que el cinismo y la insensibilidad pueden destruir cualquier proyecto o filmación.
6. Cuando eliges un equipo excelente, con las personas apropiadas haciendo las tareas apropiadas, todos ganan.
7. Si te toca contratar a personal de apoyo para un proyecto o el equipo de filmación, es preferible hacer un poco de investigación primero. Es importante conocer primero el trabajo que hacen, y preguntar lo que otros piensan de ellos.
8. Contrata a miembros para tu equipo que tengan actitudes positivas y una buena ética de trabajo, y que sean también amables y confiables.

CAPÍTULO 10: LA CÁMARA

Párate Firme y Filma

•

–Filma unas escenas fuera de enfoque.

Quiero ganar el premio de la mejor película extranjera.

- *Billy Wilder, escritor/director*

(Some Like It Hot!, Stalag 17, The Apartment, Sabrina)

Todos sabemos que hay decenas de excelentes libros acerca de la producción profesional, los cuales te pueden enseñar como encuadrar una buena toma. Describen artísticamente la composición correcta de los objetos dentro del encuadre, como enfocar y hacer zoom, donde se debe colocar la cámara y como entender los ángulos. Al encontrar un libro que te guste, léalo y luego intenta lo que el autor sugiere. Mira programas o documentales que respetes y te gusten, observa bien sus técnicas, luego trata de usar sus técnicas y su estilo donde sea apropiado. Pero no te olvides que quieres desarrollar un estilo único que sea propiamente tuyo.

La fotografía sigue siendo un medio maravilloso para mejorar tu propia sensibilidad artística al encuadrar una buena toma. He visto que a la medida que yo mejoro en la fotografía, se mejora mi aptitud para tomar vídeo digital, y vice versa. Es esencial desarrollar el "ojo del fotógrafo". Al incrementar tu conocimiento, también aumentará tu aptitud para colocar la cámara en el lugar mas indicado. Claro que la fotografía no es lo mismo que vídeo o película porque representa un momento estático de tiempo. Y lo dinámico de vídeo es que la gente y los objetos se mueven - a 24, 30 o 60 (imágenes por segundo) en vídeo digital.

La buena composición es exactamente eso: buena composición, simple y sencillamente. Así que, el mejor consejo que puedo dar, en cuanto a filmar, se resume en los siguientes sencillos, pero indispensables, fundamentos:

TOMAS CERRADAS: Acércate al sujeto, tal vez a dos metros de distancia. Las tomas cerradas o close-ups (desde la cintura, el pecho o los hombros para arriba) son lo ideal. Una persona de lejos nunca es tan interesante visualmente como una de cerca.

ENCUADRE: Encuadra una buena toma. Si puedes, coloca al sujeto al lado (en una mitad o un tercio) del encuadre, con la cámara a la izquierda o a la derecha, para que el vidente pueda ver todo el marco de la imagen, sobre todo si estás filmando en un 16:9 relación de aspecto. Encuadra una toma master y manténlo. Si vas a hacer un movimiento, acercase con el zoom, mantengo bastante tiempo y luego aléjate con el zoom, y manténlo de nuevo. Paneos pueden ser útiles también, si mantienes la toma un largo rato *antes* del paneo y también *después* de detenerte. Haz movimientos suaves con la cámara. No dudes en *practicar* los movimientos antes de grabarlos.

ACCIÓN: Hay dos maneras de darle acción y energía a la toma. Las personas y objetos moviéndose dentro del encuadre es lo mejor. En muchos casos, solo hay que encuadrar una buena toma inmóvil y luego dejar que el movimiento ocurra. Si las personas u objetos son estáticos, es decir, que no se mueven, entonces una cámara que se mueve (con zoom o paneo) produce la energía. Escoge el encuadre que sea apropiado para la toma.

ENFOQUE: Recuerda que, especialmente con HD, *el enfoque es crítico*!!! Aún hoy día, he visto segmentos en programas de alcance nacional y noticieros locales donde el trasfondo está enfocado pero la persona que habla está borrosa. Enfoca. Apaga el auto enfoque y, al contrario, enfoca en el objeto o persona que sea de más importancia para la toma y la historia. Luego encuadra de nuevo.

TRÍPODE: Invierte en un buen trípode, el mejor que puedas comprar. Los trípodes hacen una gran diferencia. Y las patas deben ser mas pesadas de lo que te imaginarías. He usado dos Sachtlers, hechos en Alemania. Son excelentes.

ESTABILIZADOR: Si tu cámara tiene un estabilizador de imagen, úsalo cuando filmas con la cámara en mano. Disminuirá lo tembloroso de la toma al moverte, balancearte o simplemente respirar. Cuando se usa el trípode, hay que APAGAR el estabilizador, porque puede confundir a la cámara cuando se trata de hacer zoom o paneo. Desafortunadamente, dejar al estabilizador funcionando (mientras se usa el trípode) produce un *efecto de arrastre* con el estabilizador que estará tratando de sobre compensar para cada movimiento de la cámara.

MOVIMIENTO: Mantén los movimientos (zooms, paneos, etc.) al mínimo. Solo se debe realizar un movimiento si hay una razón legítima para hacerlo, como por ejemplo si forma parte del plan para cubrir la escena. Encuadrar una buena toma estable en el trípode es siempre más preferible que hacer tomas movedizas con la cámara en la mano, a menos que la escena requiera tomas temblorosas. Además, es mucho más fácil editar una toma constante y bien encuadrada.

TOMAS DE LARGA DURACIÓN: Mantén la toma por un largo rato, es decir, contar por lo menos hasta 10 cuando ya estés *grabando*. Empieza a *grabar* temprano, termina la toma y sigue grabando. Porque puede ser que necesites mas tiempo en pantalla para encontrar la mejor sección de las tomas que vas a usar; tomas rápidas de tres o cuatro segundos son muy difíciles de editar y te van a frustrar a ti, al editor y a la audiencia. Vas a querer tomas *gordas,* las que tienen bastante tomas de apoyo antes y después de la sección que vas a usar.

ENSAYOS: Antes de emprender un proyecto importante con una cámara nueva, práctica filmando algo fácil, como una entrevista sencilla de pie, o graba unas tomas de apoyo. Experimenta con la cámara tanto en la mano como en el trípode. Revisa las tomas en un monitor confiable, para saber como lo que estás grabando se verá en una pantalla grande, no solo en el monitor pequeño de la cámara. Está bien limitarte a lo básico cuando estás aprendiendo a usar una cámara nueva, porque apenas te estás familiarizando con la manera en que ésta graba las imágenes.

EQUIPO: Asegúrate que cada pequeñito artículo de tu equipo fílmico esté revisado y preparado, antes de comenzar una producción o una filmación. Crea una lista confiable del equipo, una que incluya luces, sonido, baterías y cables, y revisa cada pieza antes de salir a filmar.

FLUJO DE TRABAJO: Confirma que el plan para la edición de tu proyecto coincida con y apoye el formato de la cinta o la memoria que usas para grabar. Esto también incluye el número de imágenes por segundo, la relación del aspecto, el uso de filtros (o no), y la temperatura del color. Antes de comenzar la producción, asegúrate que tú y el editor estén en la misma página artística y técnicamente. El formato de filmar y el de editar deben ser compatibles, como miembros del mismo equipo, para tener éxito.

CONOCER LAS HERRAMIENTAS: Experimenta con las configuraciones, menús, filtros y efectos especiales para conocer lo esencial de usar la cámara, de manera eficaz. Así, cuando estés trabajando con tiempo limitado o bajo presión, podrás trabajar confiadamente. En realidad se trata de algo muy básico: conoce tus herramientas. En la práctica, siempre es mejor hacer errores en una filmación pequeña y de poca importancia que arriesgarte a experimentar en un proyecto de alto valor con una cámara que no conoces bien (y que tiene muchos botones desconocidos).

MICRÓFONOS: También debes medir la capacidad de audio de tu cámara, incluyendo el volumen con que se graban sonidos fuertes (la calle) y sutiles (naturaleza). Algunas veces cuando estoy filmando solo en el campo o en una calle, ajusto un canal a un nivel bajo y el otro a un nivel alto. De esa manera grabo bien sobre la marcha, no importa si el sonido es fuerte o suave. Estos ajustes opuestos me dan opciones cuando estoy editando, aun cuando uno de los canales sale distorsionado con un ruido inesperado.

•

GRABAR COMO GUERRILLERO

En el transcurso de los años, he filmado en decenas de países, sin permisos, y he tendió bastante éxito. (También he adquirido la destreza de explicar lo que estoy haciendo para poder sacarme de un apuro.) Cuando el grupo es pequeño, con unas cuantas piezas de equipo, a menudo se puede "volar bajo el radar" de los oficiales y la policía. Ya que las cámaras de hoy son pequeñas, también ayuda a que el equipo sea menos conspicuo.

Pero ten presente lo siguiente: **los equipos fílmicos atraen atención.**

Y solo hay cierta cantidad de explicaciones creativas que se pueden ofrecer, para que te dejen pasar, antes de que te detengan y te prohiban filmar.

Mis sugerencias para filmar como guerrillero son éstas:

1. **En monumentos principales, museos o cualquier edificio oficial, será difícil filmar sin un permiso específico, por escrito, del gobierno o de algún tipo de agencia de turismo.** Sí, es posible que con tu cámara escondida en la mochila puedas tal vez entrar, pero en estos días hay cámaras de seguridad en todas partes. Prepárate por si te detengan. (A mí me detuvieron cuando empecé a filmar frente al Palacio Buckingham de Londres.) Así que, si resulta exitoso, considérate bendecido. Pero el esfuerzo de conseguir un permiso te brindará valioso acceso... y ahorrará tiempo también.

2. Cuando sea posible, **contrata a alguien que conozca bien la locación**, y que también pueda tramitar los permisos y el transporte local. Si estás en el extranjero, es esencial encontrar a alguien que hable el idioma local y sepa leer el alfabeto romano también. El costo por día absolutamente valdrá la pena, por la experiencia y conocimiento que tal persona contribuirá al proyecto. ¿No hablas ruso y estás en Kiev? Busca a alguien que lo hable, y si fuera posible, que también entienda algo de la producción de televisión. El internet está repleto de excelentes sitios de producción y personal fílmico en más de cien países. Mandy.com es uno de ellos. Haz el esfuerzo de conseguir un coordinador local que te ayude, aún cuando tu plan sea improvisar y trabajar sin permisos.

3. **Sé honrado.** Nunca jamás se debe mentir, en lo que se refiere a las intenciones que uno tiene para la filmación, ni tampoco inventar una razón que no sea lógica. Tampoco quiere decir que hay que decir demasiado, ni explicar cada detalle a los oficiales si te

preguntan algo. Solo se debe dar la información mínima que pidan. Pero sé honesto. La integridad no es optativa.

4. **Crea un plan antes de salir a filmar.** Mi camarógrafo, Steve,y yo habíamos hablado de donde queríamos filmar en la *Plaza Roja* de Moscú, sabiendo que solo tendríamos uno o dos minutos para conseguir unas cuantas tomas, usando el zoom, del *Kremlin* y la *Catedral de San Basilio,* antes de que nos corrieran. Filmamos apresuradamente las dos tomas que queríamos, y justo al terminarlas, llegó la seguridad KGB para ahuyentarnos. Una de aquellas tomas se usó en el programa final que estábamos produciendo. Incluso cuando vas a operar improvisado, piensa con anticipación en las tomas más importantes, y en donde te vas a colocar, y cuando vas a grabar.

5. **Nunca salgas solo**. Lleva alguien contigo que pueda vigilarte y protegerte.

6. **Aveces es mas fácil pedir perdón que pedir permiso**.

•

KENIA, ÁFRICA DEL ESTE

Mi camarógrafo, Mike, y yo andábamos una tarde por las calles transitadas de la ciudad bulliciosa de Nairobi durante una producción. Serpenteando por las tiendas y paradas de autobuses, nos topamos con un pequeño grupo de hombres kenianos, que platicaban animadamente mientras tomaban su té caliente.

Me di cuenta que sería una buena toma cultural de la gente y le pedí a Mike que grabara un poco de vídeo. Desde una distancia de unos 25 metros, él usó el zoom y trató de mantener constante una toma. Pero yo le dije,

–Mike, tienes que acercarte más. El me miró, perplejo, y preguntó,

–¿En serio, quieres que me acerque más?

–Sí, le respondí. El temía acercarse, en un país extranjero, así que me entregó la cámara, deseando que yo le mostrara como hacerlo.

Me acerqué hasta estar a unos tres metros de los kenianos, les sonreí, les saludé y les pedí permiso para tomar una "foto." Me sonrieron, indicando que estaban de acuerdo. Empecé con una toma del grupo, luego de cada hombre, tomas individuales, estables y de larga duración. Seguido por un paneo lento, un zoom in y un zoom out. Hecho. Colorido, interesante, visual. Nunca llegaron al segmento final, pero me acuerdo, años mas tarde, del intercambio entre Mike (un camarógrafo muy talentoso) y yo: –¿En serio, quieres que me acerque más?

Mi experiencia, al caminar por centenares de ciudades y aldeas, me ha enseñado que generalmente uno tiene que *acercarse* a la gente para poder captar una buena toma. No puedes pararte a 30 metros de distancia y esperar que conseguirás buenas tomas estables, y que serán tan dinámicas que el editor insistirá, hasta el punto de defenderse artísticamente ante el director, que esas tomas lejanas y temblorosas *deberán* usarse en el vídeo final.

Acercarte puede significar entrometerte en el espacio personal de otra persona. Sí, podrías pensar que hacerlo es tanto un riesgo como un peligro. Yo sugiero que se puede interactuar con la gente, ser amable, sonreír, y luego pedir permiso. Conseguirás vídeo altamente superior cuando te acerques a un punto a solo dos metros de la persona, en vez de quedarte en el lugar seguro, a unos quince metros de distancia, contra la pared.

Claro que a través de los años me he encontrado con unas personas que se han molestado, que no estuvieron muy contentos cuando les pedí permiso para tomarles unas fotos, y que me causaron problemas. Si me parecía un problema serio, me alejaba. Una discusión, con la posibilidad de daños, no valía la pena. Pero también he conseguido unas excelentes tomas de personas que nunca habrían sido posibles si los hubiera filmado desde lejos.

Acércate. Sin riesgo no se logra el premio.

•

CONSEJOS PARA LA FILMACIÓN

1. **Elige el estilo apropiado de filmar.** Si la audiencia será de gente mayor de cuarenta años, reconoce que filmar tu historia en un estilo acelerado, tipo MTV, solo les va a confundir y frustrar. Es mejor atenerte a las tomas básicas, con la cámara en el trípode. Por el contrario, si la audiencia será joven, entonces los zooms, los paneos rápidos, y las tomas que entran y salen de enfoque pueden funcionar. Los videntes jóvenes están acostumbrados a un estilo de vanguardia. **Elige el estilo de filmación y de edición que sean apropiados para tu historia y tu audiencia.**

2. **Conoce tu género.** La manera de filmar un show para viajeros en el Caribe es muy distinta de la manera en que se aborda un programa de investigación periodista que profundiza en la corrupción financiera de un grupo humanitario. El perfil de un famoso jugador de fútbol no se puede comparar a un documental científico que investiga por qué están desapareciendo las ranas de ciertos lagos. Un documental de la vida cotidiana de pueblos tribales en Borneo no se parece a un cortometraje independiente, filmado por unos amigos al terminar sus estudios, los cuales esperan ganarse unos premios en algún festival de cine. Conoce tu género. Dispone a experimentar con el género (Quentin Tarantino lo hace repetidas veces al mezclar géneros.) Identificarte con el género que estás utilizando trae ciertas expectativas de parte de la audiencia. Hay que conocer y considerar las siguientes dinámicas antes de siquiera empezar a grabar.

3. **DPT (Duración Promedio de Tomas) o ASL** en inglés. *Sigue moviendo.* A menos que el contenido de las entrevistas y las personalidades de los sujetos sean tan intrigantes que se pueden mantener las tomas de larga duración, el segmento debe seguir a un ritmo de DPT apropiado. Ver a muchas cabezas hablando puede ser aburrido. Las tomas de apoyo que ilustren sus comentarios, y otros visuales para complementar y realzar la narración, pueden evitar que los videntes cambien de canal, o peor todavía, que se aburran. Cortes muy rápidos (ediciones de un segundo) también pueden impedirte, porque cuando la toma pasa tan rápidamente, es difícil que el vidente lo comprenda. *Busca un ritmo apropiado para editar tu segmento,*

que encaje con las palabras, las pausas, la música, las imágenes y el audio.

4. **Conseguir la toma master.** Debería ser un pecado mortal no filmar la toma master, una toma básica, con todos los elementos, la acción y los sujetos dentro del encuadre. Yo suelo grabar esa toma primero, antes de cualquier toma cerrada, por tres razones:

a) Para cubrir toda la escena y así facilitar la edición. Además, la toma master presenta le escena para la audiencia. Ya que éste haya visto el panorama total, se pueden hacer tomas de diferentes ángulos y tomas cerradas, de muy cerca. Ya has encuadrado la escena en la mente del espectador.

b) Para que los actores puedan posicionarse en la tarima. O puedas colocar al sujeto en el lugar apropiado para la entrevista.

c) Para poder ver como el segmento va a funcionar con un encuadre amplio antes de decidir como grabar las tomas cerradas, las reacciones y otros posibles ángulos más de cerca. Trabaja desde lejos hacia adentro, empezando con la toma amplia, luego unas medianas y luego las de cerca.

5. Hay que tener presente que ahora con HD, la audiencia puede ver todos los pequeños detalles, aún los que se encuentran muy lejos en el trasfondo. Así que, al filmar la toma master, toma en cuenta cada objeto dentro del encuadre.

6. **Capta todas las tomas de apoyo que el tiempo y el presupuesto te permitan.** Es mejor tener demasiadas tomas de las cuales escoger, que no tener suficientes. *Muéstrame más que lo que me cuentas.*

7. **Aprende las relaciones de filmación.** La cantidad promedio de vídeo que se necesita para un documental típico es una relación de filmación de 25 a 1, lo que significa que para cada minuto de tiempo en la pantalla se requieren 25 minutos de vídeo inédito. Se ha dicho que el director legendario, Alfred Hitchcock, funcionaba con la proporción mas reducida de Hollywood, un promedio de 3 a 1. Lo podía hacer porque estaba sumamente preparado con el guión y guiones gráficos. Además, el sabía lo que quería antes de que se

prendieran las luces, o se metieran los rollos de película en las cámaras, o los actores llegaran al set. La producción en sí era aburrida para él, porque la preproducción era la parte estimulante.

Para la serie *Pueblos No Alcanzados,* yo filmaba de 20 a 25 horas (de 40 a 50 cassettes betacam) para producir un documental de 20 minutos. Era una proporción de 60 a 1 (1200 minutos grabado ÷ 20 minutos en pantalla.) Con mis 40 cassettes (20 horas), yo tenía una abundancia de excelentes tomas útiles (una buena cantidad de tomas de apoyo) y suficientes entrevistas sólidas, lo que me daba el lujo, en la edición, de seleccionar las mejores tomas y declaraciones (sound bites) para el programa final.

Para *The Amazing Race,* aproximadamente unos 80 o 90 vídeo cassettes digitales, de 60 minutos cada uno, se filmaban en cada locación. Es decir, 80 cassettes para un show de una hora es una relación de 80 a 1. Digamos que tal vez cada cassette no tenía los 60 minutos grabados. Hagámoslo una relación de 70 a 1, lo cual sigue siendo bastante bueno.

Es crucial tener suficientes tomas para producir tu segmento o tu historia y darle la justicia que merece.

¿Eso es todo en cuanto a usar la cámara? Sí. Mi consejo es, levanta la cámara y empieza a filmar. Pruebas, errores, equivocaciones y éxitos, todos te enseñarán. (O bien puedes contratar a cinematógrafos talentosos con experiencia, de quienes podrías aprender.) Lee el manual de la cámara para empezar, alista la cámara, busca una buena historia... y lánzate a la producción.

•

TÁCTICAS DE FILMACIÓN DE LOS PROFESIONALES

–Mantengo sencillo. Dirigir o producir o filmar debe hacerse fácilmente, en un formato sencillo; luego, si el presupuesto lo permita, se pueden hacer las tomas y los arreglos creativos. A la abuelita no le interesa como hiciste la toma, solo ve los participantes y como actúan.

–Siempre trata de conseguir que los dos ojos de la persona estén mirando hacia la cámara en las tomas que se hacen sobre el hombro...a menos que la logística de la colocación de la cámara no lo permita. Ver solo un ojo del perfil del sujeto no es interesante visualmente.

- Michael J. Denton, camarógrafo de televisión

–*El enfoque de la cámara* es una de las pocas cosas que no se puede remediar en la posproducción.

- Joe Sindorf, freelance productor/director

–Siempre graba más tomas de apoyo de lo que piensas que vas a necesitar. (Las necesitarás).

–Para segmentos más dramáticos, usa el trípode cuando sea posible. Muchas veces las tomas con cámara en mano le quitan la emoción de la imagen.

–Aprovecha tu cámara si filma a 60 imágenes por segundo. Las tomas con cámara lenta se verán mucho más suaves que si se trata de retardarlas en la posproducción. Siempre se puede acelerarlas sin hacer da si lo necesitas a una velocidad regular.

- Steve Taylor, Digital Espátula

–Usa el trípode dondequiera y cuando puedas, y contrata a un técnico de luces. Así conseguirás que el resultado se vea profesional.

- Martina Nagel, escritora y cineasta

–Aprende a mantenerlo sencillo.

–Trata a cada toma con el respeto que se merece.

–Alguien dijo que cada toma debe tener un principio, la parte media y un fin, aunque sea de solo unos segundos. Todas las otras tomas se echan a la basura.

–Cuando estás filmando en una locación, nunca sobran las baterías.

–Las cintas antes eran baratas, y ahora la memoria digital es mas barata.

–La cinta (gaffer tape) es barata.

–Nunca se puede tener demasiados marcadores.

–¿Estás *grabando* - cierto?

–Una manta puede silenciar una cámara ruidosa.

–No importa el frió que sientas, pero si importa que tan frió esté el equipo.

- Derek Murray, Cfan

–No gastes tus fondos en la compra de una cámara. Alquílala por día o por semana, según se necesite. Hoy día, el equipo videográfico se vuelve obsoleto a veces antes de que uno termine de hacer los pagos de la compra.

- Eric Braun, Associated Press

–Empieza a hacer películas, simple y sencillamente. Se espera que, con tiempo, el filmador comenzará a entender como contar una historia, lo cual es la esencia de hacer películas. No se trata de la más recién tecnología y equipo fílmico. Se trata de contar historias, evocando emoción de la audiencia y hacerlo es mucho más difícil de lo que parece, aún con el mejor equipo.

–Estudié cinematografía por tres años en la Universidad de California, y gasté $75,000 dólares, y lamento que nadie me dijo, antes de gastar mucho dinero en la compra de equipo fílmico, que tal equipo sería obsoleto dentro de cinco años.

- Mark Berger, Stock-Track Group

–Si vas a comprar algo de equipo, cómprate un buen trípode. Las cámaras y los formatos cambian de moda, pero un buen trípode es siempre necesario.

–Debería pesar tanto que no te gusta cargarlo. (Cárgalo de todos modos.) Debería tener bloqueos y arrastres para paneo y tilt, así como un ajuste de balance y la capacidad de deslizar la placa hacia atrás y adelante para ajustar el equilibrio de la cámara. También deberás utilizar ambas manos para quitar el bloqueo y deslizar (no levantar) la placa de la cuña de la cabeza del trípode. Es más seguro de esa manera. Y una burbuja para nivelarlo es esencial, porque tratar de ajustar las patas para nivelar el trípode no es muy práctico.

–Y si el control del bloqueo de tilt está en el eje de rotación del tilt, ¡NO LO COMPRES! (Sí, me refiero a los trípodes Manfrotto).

–La cámara en la mano funciona bien, y me encanta filmar con la cámara en el hombro, pero para lo más importante, se necesitan las patas del trípode. Patas sólidas, seguras y confiables.

- Alan Lloyd, camarógrafo de luces

–Para evitar movimiento de cámara, apóyala en un trípode, o contra una pared, un pasamanos o un carro.

–No haga muchos zooms o paneos. Un vídeo con movimiento constante es totalmente inútil en la sala de edición.

–Enfoque manual: Si la cámara tiene enfoque manual, úsalo. El enfoque automático es útil, pero suele cambiar mucho, en particular cuando hay objetos que se mueven en el primer plano o cuando hay poca luz.

–Consigue algunas tomas amplias de la actividad, y luego acércate para tomas medianas y finalmente haz tomas cerradas de personas y de la acción. ¡Quédate con cada toma hasta contar a diez!!

–Haz muchas tomas de cerca. El vídeo crea impacto cuando aprovechas las tomas cerradas para revelar caras llenas de carácter y emoción. Tomas cerradas aumentan el atractivo emocional de tu vídeo; ¡úsalas generosamente!

- Stan Jeter, CBN News

–Si el grupo es muy pequeño, digamos un equipo de una persona, tendrás que buscar una manera de guardar el equipo y las bolsas que no estás usando mientras estés filmando, para que puedas 1) empacar todo rápidamente 2) salir del lugar con la seguridad de tener todo lo que te pertenece.

–Mi estrategia era establecer un espacio, muy adentro del lugar donde filmábamos, que sería mi punto de partida. Tenía que asegurar que estuviera fuera del marco de cualquier toma que iba a filmar en esa locación. Desde ese punto, después de terminar y de empacar todo mi equipo, me salía, en reversa. Así podía revisar todos los rincones que había utilizado durante la filmación, para asegurarme que no había dejado nada de lo que me pertenecía.

–El proceso tal vez te parezca demasiado complicado. Pero cuando tu grupo es pequeño, o tú eres el único, no vas a querer perder ninguna pieza de equipo (no importa que tan insignificante sea). Claro que puedes ir a comprar nuevas baterías o más cintas. Pero no tiene caso causarte ese trabajo adicional, cuando hay asuntos de producción mucho mas importantes que debes atender.

- Tim Adkins, creador de contenido para medios

–¡Familiarízate de antemano con el flujo de trabajo! Planifica cada pequeñito detalle. Organiza el día de filmación en tu cabeza, analizando mentalmente cada escenario que podría ocurrir.

–Sé creativo y flexible con la iluminación y el sonido: a veces alguna lámpara en un rincón se puede colocar para servir de luz de relleno.

–¿Puedes usar el micrófono escopeta en una situación donde el de solapa no es práctico?

–¿Se puede alquilar parte del equipo localmente en vez de tener que llevarlo uno mismo?

–¿Todo puede funcionar con menos piezas de equipo? ¿Realmente necesitas ese adaptador de 35 mm? ¿O más lentes?

- Jay Freisen, productor de medios, Peacemaker Ministres

–Asegúrate que has conseguido la toma. Si no la conseguiste, no la vas a tener. Si hay duda, chequea. O mejor, tómala de nuevo, si puedes.

–Parece obviedad, pero en la emoción del momento, puede ser fácil olvidarlo: usa audífonos cuando el audio que estás grabando es importante. (por ejemplo, las entrevistas o el sonido ambiental). El hecho de que te suene bien a tus oídos, no quiere decir que la cámara lo esté grabando de la misma manera.

–Mi último consejo es éste: Los cables de micrófono son una molestia en la toma. Haz el esfuerzo de ocultarlos. Pide al sujeto que ponga el cable debajo de su camisa o chaqueta cuando sea posible. Si tomas el tiempo necesario para hacerlo, el resultado podría hacer la diferencia entre una buena toma y una toma inservible.

- Chris Northcross, socio de medios, Congreso de EEUU

–Si estás filmando tú mismo, o eres el camarógrafo, tienes que revisar los elementos básicos de cada toma. Cuando uno está estresado, apurado o cansado, puede pasar por alto los detalles pequeños y sencillos.

–He estado filmando por más de quince años, y todavía tengo una lista de control en el estuche de la cámara.

–Balance de blancos. Exposición. Enfoque.

–¿El audio, lo puedes oír? ¿Cómo está el nivel? ¿El ruido ambiental?

–¿Hay cinta en la cámara?

–Graba un poco en cada cinta para verificar que funciona bien.

–¿Oprimiste el botón de grabar?

–¿Está corriendo la cinta?

–Identifica cada toma usando un “slate”.

–Un cuaderno y una palmada de manos funcionan igual que una tablilla “slate”.

- Bill Moede, vídeo/productor de medios

–Fui videógrafo de combate aéreo y productor/director durante doce años en la Fuerza Aérea. Para la mayoría de mis proyectos fui desplegado al extranjero (a lugares que incluían zonas de guerra) y aunque se planifica todo lo que se puede, la mayor parte de la acción está fuera del control de uno, muy parecido a la filmación de documentales.

–El mejor consejo que puedo dar a una persona que está empezando es que trate de ser tan acertado como pueda en lo fundamental. Aprende lo básico de tal forma que lo haces automáticamente. Con lo básico quiero decir conocer TODAS las funciones de la cámara on manual, las secuencias de las tomas, cutaways, editar in camera todo lo que se pueda, exposiciones, filtros, y, por supuesto, el audio. Cuando tales funciones se vuelvan automáticas, puedes concentrar la mayor parte de tu atención en el sujeto y así anticipar la acción.

–También, aprende a estabilizar la cámara y las tomas de cualquier modo que sea posible. Un trípode es esencial, pero también debes estar consciente de lo que te rodea y buscar diferentes maneras de conseguir, con la cámara, tomas creativas que se vean profesionales. En el suelo, en una mesa, encima de bolsas, apoyado en un árbol o una pared, o cargado en los brazos como un bebé. Una manera que es favorita mía, cuando estoy filmando escenas de acción, es usar el monópode. Muchas veces, cuando veo una oportunidad fílmica, solo oprimo "grabar" y empiezo a seguir la acción.

–Finalmente, ten presente que, aunque la historia es lo más importante, presentar esa historia de la manera más profesional y más discreta posible, causará que la audiencia participe en ella con mayor empeño.

- Juan Fernath, productor/director

CAPÍTULO 10 REPASO: LA CÁMARA

1. Acércate. Sin riesgo no se logra el premio.
2. Conoce tus herramientas.
3. Usa el trípode.
4. Asegura que el formato de filmar encaje con el flujo de la edición.
5. Elige los estilos de filmar y de editar que sean apropiados para tu historia y para tu audiencia.
6. Comprende bien tu género.
7. Sigue moviendo con una duración promedio de la toma.
8. Consigue la toma master.
9. Capta todas las tomas de apoyo que el tiempo y el presupuesto permitan.
10. Comprende la cantidad de vídeo grabado en relación al vídeo final editado (shooting ratios).
11. El audio es tan importante como el vídeo.
12. El enfoque es crítico.
13. Mantén las tomas por largo rato.

CAPÍTULO 11: ILUMINACIÓN

¡Qué Sea la Luz!

•

–¿Dónde está la luz?

- Ed Nelson, Octubre 1985

Décadas después, sigo escuchando en mi mente las palabras de Ed en cuanto a la luz, y me acuerdo del lugar, una tranquila cena de negocios en un hotel del aeropuerto de Sacramento, California. Recuerdo que me había dado cuenta, solo un momento después de que Ed, mi cliente, hiciera esa pregunta crítica, que yo realmente no tenía idea de lo que él me preguntaba.

¡Qué vergüenza! En ese entonces yo ya había trabajado en el mundo de producción de televisión unos ocho años, mayormente en el papel de la persona creativa que producía, dirigía y escribía. Yo debía comprender, a esas alturas, la importancia crítica de la luz, en particular, de donde provenía. Pero no fue así, aunque había adivinado, buscando a tientas, como iluminar muchas entrevistas y eventos.

Aprender la importancia estratégica y el significado de las palabras de Ed cambió en gran manera mis habilidades artísticas para dirigir y usar la cámara. Una vez que empecé a entender la luz, lo que es la temperatura del color, la intensidad, el posicionamiento y la dirección de la luz, comencé el proceso de mejorarme en mi arte y en mi profesión. La calidad de mi producción, y la estética visual de mi filmación y la iluminación de escenas, aumentaron dramáticamente. Aquella pregunta, corta pero importante, fue lo que precipitó todo.

Meses antes de conocer a Ed, él me había contratado para un proyecto atractivo en la ciudad exótica de Bangkok, Tailandia, con mi amigo Steve, un camarógrafo que se había graduado de la facultad de filmación de la muy respetada Universidad de California en Los Angeles. Muy de mañana, un día en Bangkok, Steve y yo estábamos filmando frente a un templo budista, grabando tomas de apoyo de los monjes tailandeses. Con las cabezas rapadas, y vestidos de túnicas anaranjadas, estos hombres religiosos (en su mayoría jóvenes) emergían de la puerta del monasterio, y calladamente pasaban por el patio para salir a la calle. Al caminar, se detenían cuando sus seguidores devotos les ofrecían a los monjes comida o arroz, sus ofrendas de alimento.

Mientras filmábamos, le pedí a Steve que consiguiera unas tomas de los monjes que atravesaban el patio sombrío. Steve me respondió que el grupo estaba iluminado con demasiada "contraluz", una expresión que yo realmente no comprendía. Lo que Steve trataba de explicarme era que en esa mañana, los monjes casi no se verían en las tomas. Me quedé perplejo, pero asentí, y seguimos adelante.

Meses después, de vuelta en casa, se me ocurrió de repente, cuando escuché las palabras de Ed, *exactamente* lo que Steve me quiso decir ese día: el sol matutino no estaba en el lugar deseado para que funcionara fotográficamente la secuencia en el patio, porque estaba muy bajo en el horizonte, *detrás* de los monjes en vez de *en frente* de ellos. Unas tomas de los religiosos, iluminados desde atrás (contraluz), mientras caminaban en frente del templo, no saldrían bien, aún si yo, como director, hubiera insistido.

¿Dónde está la luz? es una de las preguntas más importantes que uno puede hacer cuando está iluminando y filmando cualquier secuencia. Porque la luz es, o tu amigo...o tu enemigo (muy parecido al tiempo).

Yo podría escribir, en este capítulo, unas detalladas instrucciones acerca de la temperatura de los colores de la puesta del sol, del sol al amanecer y del sol a mediodía, y podría explicar que las luces en las calles de una ciudad son de sodio y por eso emiten una luminosidad amarilla y poco atractiva. Y que la luz tungsteno es más blanca y limpia, y que la luz fluorescente, la cual se usa en muchos edificios, oficinas y lugares de negocio, puede dar una apariencia verde y desagradable al filmar con ella.

Años después, tengo la experiencia para poder explicar donde poner la luz clave, la contraluz, la luz de relleno y un kicker (luz de modelaje). Sé cómo usar un atenuador de luces, y he aprendido la importancia estratégica de enchufar luces individuales en diferentes tomas de corrientes y circuitos separados, usando cables de extensión (para no sobrecargar los circuitos). Puedo explicar como el "tiempo dorado" puede transformar incluso a lo más grotesco (*El Hombre Elefante*) en algo bello en cámara. Pero no lo voy a hacer. Es mejor dejar que los expertos lo hagan. Hay otros que son mucho mas astutos, artísticos, dotados y con más experiencia que yo, quienes han escrito excelentes libros sobre el tema y han enseñado cursos sobre las técnicas de la iluminación correcta. Sin embargo, yo creo que tú, por medio del esfuerzo, los errores, las equivocaciones y los éxitos, lo podrás aprender también.

Estratégicamente, voy a presentar solo los principios fundamentales:

LOCACIÓN: Hay que saber donde está la luz. Se divide generalmente entre natural (el sol, la luna, las estrellas) o la luz artificial (hecha por el hombre). Todas estas fuentes pueden ayudar o impedir tu filmación de manera singular. Cuando están mezcladas, uno tiene que hacer ajustes con los geles anaranjados o azules... o cambiar las bombillas, de bombillas para exteriores a bombillas para interiores.

FUENTES: Aprende a aprovechar **toda fuente posible de luz**, para la mejor ventaja tuya.

NATURAL: Si es luz natural y está nublado, la luz rebotada, de relleno y la sombra te ayudarán, como también los reflectores, las telas (sedas) y los cartones blancos. **Cuando estás en una locación nueva, averigua cuando y donde el sol amanece, arca y se pone.** Recuerda que un cielo nublado puede ser tu mejor amigo, a menos que esas nubes signifiquen lluvia, relámpagos o truenos.

ARTIFICIAL: Para luz artificial, **aprende a usar un equipo de luces,** una camioneta de iluminación o una luz portátil en la cámara. ¿No sabes lo que funciona ni cómo funciona? Experimenta o, mejor todavía, contrata a un director de fotografía profesional, o un iluminador (gaffer). Aprende de ellos, observando y haciendo preguntas. Deja que ellos te enseñen y te guíen. Sobre la marcha aprenderás que los geles, las "soft boxes", reflectores, "snoots" y la difusión se vuelven tus amigos. Más adelante, necesitarás conocer como funciona la luz industrial también.

APRENDE: Invierte en estudiar o tomar clases sobre la iluminación, o por lo menos consigue un libro de texto sobre iluminación para películas y televisión. Asiste a talleres y conferencias locales. También sugiero comprar un equipo básico de luces, si el presupuesto lo permite. Yo compré un equipo Lowell DP hace años que ha resultado ser una excelente inversión. Mas tarde, añadí atenuadores, chimeras y otros detalles cosméticos, para hacer de mi original paquete básico uno muy valioso, que ahora uso para *pintar* una escena profesional y artísticamente. El paquete y los "extras" agregados se han convertido en dinero bien gastado.

LUZ ADICIONAL: Muchas filmaciones en el extranjero me han llevado a lugares difíciles donde la luz es sumamente baja (África) en el interior de chozas oscuras, iglesias con una sola luz colgada del techo, orfanatos y callejones sombríos. La compra de un sencillo pero muy eficaz "sun gun" Canon de $75 (una luz que se conecta a la cámara) me ha servido en múltiples ocasiones. Esta pequeña luz portátil de 20 vatios funciona con baterías recargables (las mismas que las de mi cámara) y no pesa casi nada.

He descubierto que la luz del "sun gun" es muy concentrada y fuerte, de cerca, por lo tanto le pongo difusión en el lente para suavizar su intensidad, y ajusto el menú de la cámara a *foco*, para compensar. Pero cuando he estado con un grupo pequeño, o he funcionado como el "hombre orquesta", la cámara con la luz incorporada me ha ahorrado gran cantidad de tiempo y ha evitado el desastre de filmar en condiciones de oscuridad. Y cuando sea necesario, se puede usar extensamente, en la noche, para presentaciones a cámara *estilo noticiero* (stand-ups).

•

BENIN, ÁFRICA OCCIDENTAL

En el 2002, tuve el gran desafío de filmar las ceremonias de vudú en Benin, África. Mi buen amigo Christophe Dewanou conocía donde se llevaban a cabo las ceremonias del vudú en las afueras de Cotonou, la capital de Benin. Una noche salimos a explorar en unos vehículos cuatro por cuatro, buscando y escuchando, con el fin de encontrar algún pueblito donde ocurrieran las danzas rituales. Finalmente, nos topamos con una pequeña pero potente ceremonia tribal, que se estaba celebrando en un campo abierto, pero en completa oscuridad. No había electricidad en la aldea. Unas cien personas danzaban en la oscuridad. Después de pedirle permiso amablemente al jefe tribal local, para filmar a su gente y las danzas, nos acercamos al círculo donde la gente cantaba y coreaba en una ceremonia de vudú.

En un capítulo anterior sobre la toma de decisiones, mencioné la importancia de poder adaptarse a cualquier situación. Pues, esta era la situación donde realmente se tenía que improvisar. No había nada planificado o escenificado. Se tenía que hacer totalmente improvisado. Antes de poder grabar la ceremonia, se necesitaba en ese momento crítico, encontrar alguna luz, por lo menos suficiente para filmar una secuencia.

Al investigar las posibilidades, las únicas fuentes de iluminación que pudiéramos usar, sin la disponibilidad de electricidad, en medio del campo, en condiciones de oscuridad total, eran... los faros de nuestros vehículos. Así que colocamos los vehículos para que sus faros iluminaran al grupo de danza, y luego prendimos las luces altas de carretera.

Aquel arreglo se convirtió en mi "equipo de iluminación". Aseguré que los faros de los vehículos estuvieran atrás o al lado mío mientras yo manejaba la cámara entre los danzantes de vudú que giraban a mi alrededor. Toda la secuencia musical del documental premiado llamado *Benin: Cuna del Vudú*, se filmó solamente con los faros de los vehículos, los cuales crearon sombras largas y misteriosas.

Para conseguir las tomas individuales de las casas de vudú más cercanas, las pinturas, la bandera blanca y los fetiches, usé la luz incorporada en la cámara. En el apuro del momento, todo funcionó maravillosamente.

Adapta, improvisa.

•

CONSEJOS PARA LA ILUMINACIÓN

1. Aprende y domina el arte del **triángulo básico de iluminación**. Luz clave, contraluz, y luz de relleno.

- La *luz clave* está detrás de o al lado de la cámara principal.
- *Contraluz* está opuesto a la luz clave (detrás de o al lado opuesto del sujeto). La contraluz se enfoca en los hombros y la parte trasera de la cabeza. Tiene aveces una bombilla de menos intensidad, la cual ayuda a definir el espacio entre el fondo y la persona que se está filmando.
- *Luz de relleno* es la luz del lado que llena el espacio entre la luz clave y la contra luz. Se coloca la luz de relleno para hacer lucir a la persona y reducir las sombras.

¿No sabes como lograr el triángulo de iluminación? Pide a un camarógrafo que sabe iluminar que te lo explique. Se puede filmar con dos luces solamente, pero la configuración de tres no te fallará cuando estés iluminando una entrevista.

2. **Identifica cuál es el mejor lado de la persona, y luego coloca la cámara y la iluminación para favorecer ese lado.** Muchas veces el lado mejor de la persona es el lado donde se parte el pelo (pero no siempre). Mi lado bueno es el izquierdo, así que cuando me filman, siempre miro hacia la izquierda (la derecha del escenario). Tantas veces que sea posible, ilumina al sujeto con la luz clave dirigida hacia su lado mejor.

3. **Contratar a un director de iluminación o un técnico de luces mejorará en gran manera tu proyecto.** Aprende de ellos, observa donde colocan las luces y pregúntales por qué. De ser posible, comunica antes de la filmación lo que quieres lograr, la ubicación física, los sujetos principales y el estilo o "look" que quieres. Si el director de iluminación es capaz (y la mayoría sí lo son)

permítale hacer sugerencias creativas para ayudarte a formular tu visión.

4. **Compra las luces de una empresa profesional y respetada.** Contacta a un asistente de ventas que tenga experiencia con la iluminación para que te guíe y te aconseje. Sé muy claro en cuanto a los requisitos que anticipas para tu producción y si la filmación será simple y sencilla, una configuración mas complicada o una producción de estudio. Crea una "lista de deseos" de las luces, los accesorios y cosméticos (geles, difusión etc.) que te gustaría comprar más adelante para realzar tus filmaciones futuras.

5. **Si no te alcanza para comprar, alquila.** Recomiendo contratar a un técnico de iluminación profesional, quien traerá su propio equipo de luces para la filmación por un cobro adicional de alquiler. Técnicos o camarógrafos que crean su propia iluminación, a menudo tienen una pequeña "bolsa de trucos" llena de objetos que expanden las posibilidades de tu producción.

6. **Luces Chimera** (soft boxes) harán que tu sujeto luzca bien, y dará un aspecto profesional y contemporáneo al proyecto. También se pueden usar sombrillas, que se arman y se guardan en forma rápida.

7. **Cookies** o filtros con diseños, crean un excelente patrón de luz, en la pared de fondo que hace resaltar al sujeto que entrevistas. La mayoría de las entrevistas formales para las grandes cadenas de televisión utilizan "cookies" para crear sus fondos, porque los hacen ver como los retratos de fotógrafos profesionales.

8. **Los pedestales** son los "caballos de carga"de la iluminación. Si filmas lo suficiente para poder comprarlos y justificar la compra de los mismos, consigue un buen juego de tres o cuatro. A veces se pueden conseguir *usados* a un precio mucho más reducido que los *nuevos*. Compra los brazos de extensión y prensas (grip heads), para que puedas colocar la contraluz arriba y un poco distante de las cabezas de los sujetos. Consigue unas bolsas de arena, que podrán sostener los pedestales con seguridad. No hay nada peor que un pedestal desequilibrado, con una luz caliente, que se vuelca encima de una persona o una cosa importante.

9. **Luces Kino Flo Diva** son "juguetes profesionales" y se pueden montar de manera rápida y eficiente. Las bombillas (focos) pueden intercambiarse para filmaciones interiores o exteriores, evitando la necesidad de usar un gel azul. Las luces Diva también tienen los interruptores de atenuador incorporados, y por lo tanto es muy sencillo controlar su intensidad.

10. **Pinzas (de ropa) de madera** sirven para sujetar la difusión (tough spun) y los geles. Nunca uses prensas de plástico, ya que se pueden derretir con el calor de las luces.

11. **Trae bombillas de repuesto.** Más de lo que se va a necesitar. Siempre usa un pañuelo o una servilleta para cambiar las bombillas, porque el aceite de los dedos puede crear un lugar caliente en la bombilla, que luego se quema muy pronto y reduce la vida de la misma. *Y siempre se deben manejar las luces calientes con guantes.*

12. **La difusión es tu amigo.** "Tough spun" es el tipo más conocido y el que más se usa. Sujetada a las puertas ajustables de la luz, la difusión suavizará la intensidad de cualquier luz severa. Dóblalo para suavizar la luz aun más.

13. **Atenuadores de luz (dimmers) son ideales para ajustar las luces, y son necesarios.** Fui a una ferretería y compré todos los elementos básicos para cuatro atenuadores. Luego le pedí a un electricista, que es amigo, que me los armara, y me salió muchísimo más barato que comprarlos ya hechos, de una compañía.

14. **Nunca puede uno tener demasiados cables de extensión gruesos y largos.**

15. **Cinta (gaffer).** Me gusta la negra. Algunos usan gris. No importa. Compra dos rollos grandes.

16. **La luz *interior* es anaranjada/roja. La luz *exterior* es azul.** *Los geles azules* (de 1/4 o 1/2 grosor) son necesarios para emparejar las tomas interiores con la luz exterior disponible. Se requieren los *geles anaranjados* para corregir la iluminación en exteriores cuando la luz primaria viene desde *adentro.*

17. **Envoltura negra,** parecido al papel aluminio pero mucho más fuerte, se puede usar para envolver las puertas ajustables y así

cubrir las grietas donde se escapa la luz. La envoltura negra se puede formar en tubos (snoots) que enfocan la luz donde la deseas y la necesitas.

18. Un buen **reflector** (plateado de un lado y blanco del otro) que se dobla y es fácil de empacar, es de valor inestimable y es una buena inversión. He tenido el mismo reflector Photoflex (de $65 dólares) durante más de veinte años, y lo he llevado a por lo menos 50 países. En lugares exteriores, un reflector es excelente para rellenar las sombras, usando la luz del sol. También lo puedes usar (o solo un cartón blanco) para rellenar las áreas de poca luz en lugares interiores, colocándolo frente a o al lado de la luz clave. Además, se puede fijar un reflector con una pinza a un pedestal y así girar y ajustarlo a la posición correcta.

19. Recuerda que **lo que la cámara ve**, no lo que ven tus ojos, es lo más importante en cuanto a la temperatura del color y de la luz.

•

Hay mucho que decir (en potencia) de posibles tácticas y trucos que pueden transformar tu filmación para que se vea mejor y más profesional. Pero estos principios básicos, junto con otras tácticas creativas, te servirán bastante bien.

La iluminación es desafiante, pero también puede ser divertido, con un sin fin de posibilidades creativas. Y recuerda que debes usar un buen *monitor de vídeo,* que represente con precisión lo que la filmación física está captando con el posicionamiento de las luces. No confíes solamente en el monitor de la cámara.

Se puede experimentar, artística y fotográficamente, con diferentes posiciones, intensidades y colores de las luces para iluminar una escena. Pero puedes estar seguro de que, si aprendes y dominas el montaje del triángulo básico de iluminación, siempre te dará buenos resultados en la producción.

•

TÁCTICAS DE ILUMINACIÓN DE LOS PROFESIONALES

–Alguien mucho más sabio que yo, dijo una vez, –La luz que tienes disponible es la mejor luz del mundo. Aprende a usarla para el mayor provecho.

- Derek Murray, Cfan

–Para entender la iluminación: Visita un museo de arte y pasa tiempo observando las pinturas de los antiguos artistas holandeses. Bastante tiempo. Observa lo que hacían con la luz y las sombras. Míralos de nuevo. Reflexiona y obsérvalos un poco más. Trata de recrear esas imágenes. Tal vez no será algo que filmes la próxima semana, pero sí te ayudará a mejorar en lo que es la iluminación.

–Si tienes programada una prolongada filmación en exteriores, hay que tener una idea de dónde y cuándo el sol va a estar en ciertos lugares, para sincronizar las tomas de acuerdo a la luz cuando sea posible. No hay nada peor que una persona en silueta en frente de un fondo totalmente blanco. No siempre hay presupuesto para HMI (luz que brilla con 5600 K y que se usa para iluminar exteriores) o un generador. Una red doblada puede ser de ayuda si hay lugar, y hay armazones plegables para ella si solo tienes un vehículo pequeño. Asegúrate que esté alejado detrás del talento y que tú estés suficiente lejos para que la red salga desenfocada.

- Alan Lloyd, camarógrafo de luces

–Muchas veces un reflector o cartón blanco es suficiente (sobre todo cuando no hay corriente eléctrica). En interiores se puede rebotar la luz de la pared o del techo para un efecto más suave.

- Steve Taylor, Digital Espátula

–Los eventos noticiosos no ocurren siempre en lugares bien iluminados, pero haz el esfuerzo de filmar con buena luz cuando sea posible. Es mejor no filmar a alguien con una ventana detrás de él, porque el sujeto quedará bastante oscuro. Más bien muévete para que la ventana o fuente de luz, esté detrás de ti. Muchas cámaras caseras pueden producir vídeo de calidad casi profesional, cuando el lugar está bien iluminado.

- Stan Jeter, CBN News

–Si tienes que filmar una entrevista afuera, y la luz del sol está muy intensa, pero se necesita filmar ahora mismo, consigue una sabana y álzala, de alguna manera, para suavizar la luz que cae sobre el sujeto.

- Aaron Burns, productor y editor

CAPÍTULO 11 REPASO: ILUMINACIÓN

1. ¿Dónde está la luz?
2. Adapta, improvisa.
3. Aprende y domina el arte del *triángulo básico.*
4. Identifica cual es el lado mejor de la persona.
5. Contratar a un director de iluminación o un técnico de luces mejorará en gran manera tu proyecto.
6. Compra tus luces de una empresa profesional y respetada.
7. La *difusión* es tu amigo.
8. La luz *interior* es anaranjada/roja. La luz *exterior* es azul.
9. Usa *geles* que puedan corregir la luz interna o externa.
10. Usa un buen *monitor de vídeo* que represente *con precisión* lo que la filmación física esté captando con la colocación de las luces.
11. Recuerda que lo que la cámara ve, no lo que ven tus ojos, es lo más importante en cuanto a la temperatura del color y la luz.

CAPÍTULO 12: AUDIO

Agregar el Sonido

•

–Agregarles sonido a las películas sería como pintarle los labios a la estatua de Venus de Milo.

- Mary Pickford, actriz/productora

Afortunadamente, la Señorita Pickford estaba equivocada: el lápiz labial le queda bien a la Venus de Milo. Y en la película *The Jazz Singer* de 1927, cuando el protagonista le cantó a su madre, no cabía duda que el sonido había llegado a las películas. Los "talkies" transformarían para siempre la experiencia de ir al cine, de solo imágenes en movimiento a un énfasis en la palabra hablada. El diálogo, los efectos de sonido y el audio sincrónico pronto tomaron la delantera.

Sin embargo, para muchos cineastas modernos, el audio es el elemento vital que no recibe la atención que merece, vez tras vez. La razón es que la mayoría de la gente creativa piensa más en lo visual que en lo acústico. Lástima.

Durante décadas, he estado insistiendo en que el audio de un proyecto debe ser tan profesional como las imágenes. No cabe duda que el audio requiere atención particular, pero, cuando se graba y mezcla, agrega capas dinámicas a cualquier segmento o historia. Presta atención al sonido y planifica una estrategia para el audio con tanta destreza como la que usas al contar la historia visualmente. La audiencia tal vez no se dé cuenta al principio, pero *si* escucharán y notarán las palabras incomprensibles, las distorsiones y los niveles disparejos de sonido cuando éstos ocurran.

Aparte de la producción en el estudio o en el campo, el sonido en la posproducción, con una mezcla correcta del audio, sumará calidad y valor a tu vídeo o película. De ser posible, a menos que el presupuesto y las fechas límite no lo permitan, bríndale una mezcla apropiada a tu proyecto.

No, no. Olvida los presupuestos y las fechas límite. HAY QUE separar y luego agregar las pistas y mezclar el sonido en el proceso de la edición. Solo debes identificar las pistas individuales para la música, el sonido natural, el diálogo y la narración y luego mezclarlos en una pista en estéreo. Tal mezcla correcta del audio comprobará que eres el verdadero profesional de filmación que siempre has querido ser.

Hacer caso al audio trae recompensa.

En los primeros años de mi carrera profesional, trabajé en un proyecto masivo de documentales que se llamaba *Pueblos No Alcanzados*. Consistía de trece episodios que exploraban religiones y creencias mundiales, y nos tomó, a mi pequeño equipo de producción y a mí, casi cuatro años producirlo y editarlo. Nuestro equipo fílmico salía cada dos meses a un lejano rincón del mundo, y para el proyecto entero llegamos a filmar en cuarenta y cuatro países. Desde el inicio, yo siempre fui muy cuidadoso y atento en cuanto al audio, usando buenos micrófonos y colocándolos apropiadamente, tanto para las tomas de apoyo como para las entrevistas tipo "stand-up".

Cuando la producción de un episodio específico se completaba, yo terminaba la edición en linea, y luego iba a la sala de edición para mezclar el audio con mi amigo y colega, Jeff Callaway (quien fue nominado por cinco premios Emmy). El día adicional en las salas de edición igualando las voces y los sonidos ambientales (de tráfico, de la naturaleza, del ambiente cotidiano), agregando la pista de sonido, y luego combinándolo todo en una buena mezcla en estéreo, fue una buena inversión de tiempo, paciencia y dinero presupuestado. La serie *sonaba* tan excelente y tan profesional como se *veía* en pantalla. Debe ser lo que tu proyecto logre también, de ser posible.

Graba el audio correctamente desde el principio, en el campo o en el estudio, y luego en la mezcla final también.

Con la excepción de una convención o evento donde los micrófonos estén conectados por medio de una consola, hay cuatro maneras básicas (aunque existen mas) de grabar sonido en una locación o un estudio, en la mayoría de las producciones de películas, televisión y vídeo. Los cuatro tipos de micrófono son:

- de solapa (lavaliere o solaperos, inalámbricos o cableados)
- micrófono "escopeta" unidireccional, a menudo con zep y fish pole
- micrófono omnidireccional (inalámbrico de mano, cableado o montado en un pedestal)
- micrófono incorporado en la cámara

No se puede recalcar demasiado la importancia de no contar con el micrófono incorporado en la cámara para grabar en el campo.

Sugiero cambiarlo por el mejor micrófono escopeta que puedas costear. (Pero siempre debes traer el micrófono de la cámara contigo, por si lo llegues a necesitar de reemplazo.) Un micrófono escopeta profesional transformará el audio ambiental instantáneamente a un nivel superior. (En mi experiencia, un Sennheiser nunca te fallará.)

¿No sabes cuál micrófono comprar? Lleva tu cámara a un respetado vendedor de equipo de vídeo y prueba las diferentes opciones de micrófonos. Pregunta a sonidistas profesionales confiables lo que ellos recomiendan para tu cámara. O busca en Internet lo que ofrecen las compañías reconocidas de vídeo y audio. A mi me gusta *B&H Photo Vídeo* en Nueva York, y *Locación Sound* en Burbank, California. Llama, pregunta y consigue sus consejos, antes de hacer el pedido.

Vas a necesitar varios protectores (windscreens) para tu micrófono para eliminar el ruido del viento. Debes saber que no hay que usar los protectores cuando estás grabando en interiores, a menos que se pueden escuchar sonidos del micrófono raspando contra la ropa, o del acondicionador de aire.

Compra cables de buena calidad y de diferentes longitudes (tres metros, seis metros), para los micrófonos.

Finalmente, compra los mejores audífonos que puedas comprar.

Los técnicos de sonido, quienes son mucho más capaces que yo, ofrecerán sus opiniones sobre la grabación de buen audio en locaciones en el campo y en el estudio, al final de este capítulo. Voy a agregar unos consejos básicos que he aprendido en el camino. Vuelvo a decir que prestar mucha atención a los niveles de audio, el ruido del viento y las distorsiones del micrófono mientras filmas, y corregir o ajustarlos inmediatamente será de gran beneficio al editar. Y como resultado, el audio será de calidad acústica sumamente avanzada para aquel estreno importante o para una furtiva vista previa.

Hay un dicho en inglés que dice: si entra basura, saldrá basura. Eso se puede aplicar al audio también.

•

VARANASI, INDIA

Un fresco amanecer de febrero, nuestro equipo de dos camarógrafos se encontraba a la orilla de las sucias, concurridas riberas del Rio Ganges, en la antigua ciudad india de Varanasi. Habíamos llegado, por casualidad, el día de un festival y las gradas (ghats) de aquella antigua ciudad santa estaban atestadas de gente devota, millares de personas. Lo que Mecca es para los musulmanes, Varanasi es para los hindúes. Se les requiere, de ser posible, hacer el peregrinaje a estas aguas turbias para bañarse y orar, porque el Ganges es sagrado para ellos. Las imágenes y los sonidos son increíbles visual y acústicamente. La India es lo que un colega ha llamado un "ambiente rico en objetivos (o blancos)", con lo cual quiere decir que en cualquier dirección que uno apunta la cámara, encontrará una excelente toma colorida.

Esa temprana mañana de nuestra producción, habíamos contratado una de las lanchas cercanas para llevarnos río abajo, para poder filmar hacia el horizonte lleno de templos y devotos. Éramos solo tres en la lancha: el remero, mi camarógrafo, Steve y yo. Cuando el remero empezó a remar, me pareció que el sonido rechinante de los remos sería excelente, acústicamente, para la secuencia que estábamos filmando. Ya que estábamos en el agua, que siempre amplifica el sonido al reflejarla, el sonido era intrigante y muy claro.

Con Steve sentado frente al remero, filmando todo lo que veía, mientras que el micrófono escopeta grababa los sonidos sincronizados, yo, la tercera persona en la lancha, tomé la decisión de hacer algo de vital importancia: me callé. Me quedé callado, sin hacer un solo ruido. Así, al grabar, captábamos cada rechinar de aquellos remos que arrastraban la lancha por las aguas del río.

Si yo, como director, hubiera hablado, el sonido de los remos habría sido malogrado por mi voz. Por lo contrario, captamos cada palmada del agua que los remos hacían, cada gemido del barco, mientras flotábamos lentamente hacia el horizonte, por esas aguas turbias. Muchos años después, sigo escuchando los sonidos inconfundibles de esos remos rechinantes.

Más tarde esa mañana en Varanasi, también grabamos los sonidos del arroz que se echaba en los platos de los mendigos, los clamores de los devotos que se tiraban al agua y la cacofonía de los ruidos del gentío. Cuando volvimos a Norteamérica para editar y preparar la mezcla de sonido, los sonidos sincronizados de los remos, el arroz, las salpicaduras del agua y las lamentaciones de la gente se entretejían en una harmonía perfecta. Todos aquellos diferentes sonidos exóticos contribuyeron a una gran mezcla sincronizada de audio que funcionó bien en el programa. *Pueblos No Alcanzados: India* resultó ser como ningún otro proyecto que jamás haya filmado, editado o mezclado.

La moraleja de aquella lejana aventura en el río es que muchas veces es mejor quedarse callado y dejar que la cámara y el micrófono hagan su trabajo de calidad.

Silencio (de parte del equipo) vale oro cuando un gran momento acústico ocurre.

Dicho sea de paso, el segmento del Ganges se usó durante muchos años como un buen ejemplo de sonido ambiental captado apropiadamente por el *Instituto de Vídeo Sony* de Hollywood. Eso si fue un lindo reconocimiento.

•

CONSEJOS ACERCA DEL AUDIO

1. Sujeta el micrófono lavaliere (de solapa) del lado del sujeto hacia el cual se dirigirá al hablar con el entrevistador. No hay nada más frustrante cuando uno está mezclando el sonido que un micrófono mal colocado.

2. Puedes tapar el cable del micrófono solapero si doblas el cable para formar un lazo y luego lo sujetas atrás con la pinza del micrófono. Nunca permitas que se vea el cable colgando en frente de la blusa, camisa o corbata del sujeto.

3. Un pedazo de cinta (gaffer) ayuda a cubrir el exceso de cable dentro de una camisa o un saco.

4. Si una blusa o una camisa es de tela muy frágil como para sostener la pinza del micrófono, puedas usar una tarjeta de crédito detrás de la tela y así sujetar el micrófono a la camisa junto con la tarjeta. No te olvides de devolver la tarjeta a su dueño después.

5. La norma es que por más cercano a la boca del sujeto que esté el micrófono, mejor será la calidad del sonido. No importa si sea de solapa o micrófono "escopeta".

6. Si la persona lleva corbata, se puede centrar el micrófono en la corbata. Así se puede grabar buen sonido en cualquier dirección que la persona se mueva para hablar. Cubre los cables.

7. Para entrevistas con el sujeto sentado, el micrófono escopeta en un pedestal con brazo posicionado sobre la cabeza del sujeto (fuera del encuadre de la cámara) dará descanso al brazo de tu sonidista y cumplirá la tarea perfectamente bien. Cuidado con la toma amplia y el sobre escaneo de los monitores de HD, a no ser que no te molesta ver el equipo en la toma.

8. Si vas a contratar a un equipo de producción independiente, trata de conseguir un camarógrafo y un sonidista que hayan trabajado juntos como equipo en filmaciones y proyectos anteriores. Podrán hablar y trabajar en una harmonía que mejorará tu proyecto con su amabilidad, coherencia y cooperación.

9. Si se va a montar una filmación con dos cámaras, contrata a un sonidista. Aún si lo puedes cubrir todo con dos cámaras, no quiere

decir que los niveles de audio estarán emparejados ni que todo estará conectado correctamente.

10. Presta mucha atención y chequea las entradas de audio en la cámara, los interruptores externos y los ajustes del menú. Un solo ajuste equivocado y todo el sonido saldrá mal.

11. Hazle caso al sonidista. Si te dice que está entrando el ruido de la torre de control del aeropuerto por el micrófono inalámbrico, o que se escucha que el micrófono solapero está rasguñando la camisa del sujeto, debes creerlo.

12. Si estás dirigiendo, consigue tus propios audífonos. Así podrás confirmar la calidad de las voces y el sonido ambiental...y también escucharás los problemas que surjan tal como el sonidista los esté escuchando.

•

TÁCTICAS DE AUDIO DE LOS PROFESIONALES

–Si la calidad del audio es mala, es casi siempre una indicación de que la producción es de segunda categoría.

- Chris Bueno, Carmel Entertainment

–Yo uso un micrófono solapero cableado, las veces que puedo, para no tener problemas con interferencia de radio o con baterías de baja potencia.

- Steve Taylor, Digital Espátula

–Tantos novatos salen a filmar una entrevista con el micrófono que lleva la cámara, porque no tienen el dinero para comprar uno inalámbrico. La solución para los que tienen presupuesto limitado es un micrófono sujetable (con pinza) de Radio Shack. Cuesta unos $20 dólares. Con $5 más, puedes comprar un cable de extensión de tres metros para audio. En un apuro, se puede cubrir una escena con dos cámaras y dos de estos micrófonos. Producen un sonido mucho mejor que el del micrófono incorporado en la cámara. Hemos salido al aire con audio captado de esta manera, cuando necesitábamos trabajar y no teníamos recursos, incluso con los grupos "Beauty and the Geek" y "Scream Queens."

- Biagio Messina, Joke Producciones

–Consejo para audio: Apaga el aire acondicionado, el refrigerador y todos los teléfonos.

- Martina Nagel, escritora/cinematógrafa

–Cuando desenchufas el refrigerador para eliminar el ruido, pon las llaves de tu vehículo adentro del mismo. Así no te olvidarás de enchufarlo de nuevo antes de salir.

- Martha Cotton, Plymouth Rock Estudios

–Cámaras con micrófonos incorporados pueden captar el sonido ambiental bastante bien durante la grabación. Pero cuando se hacen entrevistas hay que posicionarse bien cerca, o si es posible, usar un micrófono de mano o de solapa para captar con claridad lo que dice el entrevistado. Si usted está usando un micrófono externo, asegúrese de tener el cable y el adaptador correctos, y use audífonos para monitorear el audio. Al terminar de grabar, vuelva a pasar parte de la entrevista para asegurarse que no hay problemas con el audio o con la imagen.

- Stan Jeter, CBN News

–He luchado y he insistido, durante tantos años que no los quiero contar, que hay que darle mas importancia al audio.

- Charley Buchanan, camarógrafo

–Usa sonidos naturales y siempre graba el sonido ambiental. No se necesita escuchar a una persona hablando durante cada segundo del documental; deja que la película respire y permíteles a los videntes un poco de tiempo para disfrutar las hermosas imágenes que has filmado.

–Música sirve para crear el ambiente y el estado de ánimo, pero si lo sobre utilizas, vas a crear un vídeo musical.

- Gregory Branch, productor/periodista

–El sonido ES importante.

–No siempre se puede remediar algo al mezclarlo.

–Es más fácil subir el volumen que bajar o reducir la distorsión.

–Aunque el director nunca quiere ver el micrófono en la toma, tampoco quiere ver que el micrófono esté apuntado para abajo, hacia el suelo.

–Graba todo – incluso el silencio.

–Cubre un sonido que distrae con otros sonidos que también distraen.

–Escucha primero con los oídos antes de escuchar con los audífonos.

–No confíes en que el camarógrafo vaya a grabar el sonido, aun cuando tú eres el camarógrafo.

–Siempre hay que tener más de un micrófono disponible.

–Los cables nunca sobran.

–¿Recuerdas ese conector que necesitabas?

–El Cero Digital no es odb.

–Nunca tendrás demasiados sonidos ambientales.

- Derek Murray, Cfan

–También quiero recalcar la importancia del sonido natural (ambiental). A veces la mejor manera de contar una historia es dejar que algo suceda, estando uno presente para captarlo.

–Filma para la edición (empezando con la toma amplia, luego acercándote para las tomas cerradas) y cambia los ángulos y las alturas regularmente.

–Permite que la acción entre y salga del encuadre, algo que crea transiciones naturales para la edición. Ojo con las direcciones en la pantalla.

- Alan Lloyd, camarógrafo de luces

CAPÍTULO 12 REPASO: SONIDO

1. Hacerle mucho caso al audio trae su recompensa.
2. Graba el audio correctamente desde el principio, en el campo o en el estudio, y luego en la mezcla final.
3. No se puede recalcar demasiado la importancia de no confiar en el micrófono incorporado en la cámara para grabar en el campo.
4. Compra los mejores audífonos de estudio que puedas comprar para la producción. Oír es creer.
5. Ten presente: si metes basura, saldrá basura. Eso se puede aplicar al audio también.
6. Silencio (de parte del personal) vale oro cuando un gran momento acústico ocurre.
7. Hazle caso al sonidista.

CAPÍTULO 13: EDITAR

Matar a tus Preciosuras

•

–Editar películas es algo que casi todo el mundo puede hacer y disfrutar a un nivel sencillo, pero llevarlo a un nivel mas alto requiere la misma dedicación y persistencia que cualquier otro tipo de arte.

- *Walter Murch*

editor legendario de películas y diseñador de audio

(Apocalypse Now, The Godfather, The English Patient)

Añadir este capítulo sobre editar es algo nuevo para mí. En la primera versión en inglés, omití el tema de la edición a propósito. Mi razón fue que no era (ni soy ahora) un editor profesional, sino un productor, director y guionista. ¿Qué podría yo aportar acerca de la edición?

Al escuchar a decenas de estudiantes de cine y participantes en talleres de medios durante los últimos años, me parece que el tema de la edición nunca ha sido tan importante ni tan popular como lo es ahora. Esto se debe en gran medida a la reducción dramática del costo de pequeñas y potentes computadoras y software para editar, como *Final Cut Pro.* Las excelentes cámaras compactas de HD no han sido tan portátiles y baratas como lo son ahora. Además, si compras cualquier computadora *Mac, iMovie* ya viene instalado en el disco duro.

Filma, corta, sube. Así de rápido entras al mundo de vídeo y televisión. Cortometrajes, segmentos, clips, documentales, música, deportes, noticias, juegos...todos están disponibles en *YouTube, Vimeo* y otros por el estilo.

Ya es hora de hacer frente a la edición.

En mi infancia profesional, cuando apenas tenía veintiún años, estaba trabajando con escenas de vídeo en enormes cintas de dos pulgadas, escribiendo guiones, grabando narraciones y editando promos para la red que ahora se llama *INSP Network*. Las múltiples exigencias de contar una historia, y de comunicar tus conceptos en solo 30 o 60 segundos han sido inestimables en mi desarrollo como narrador de historias. Y lo siguen siendo. De hecho, es mucho más difícil escribir, crear y editar cortometrajes debido al tiempo breve que duran. Cada segundo es muy valioso, cada minuto cuenta.

Desde 1977 hasta los años 90, yo trabajaba en la edición *lineal*, toda basada en cintas. Códigos visibles en la pantalla, listados de edición, sub-masters, cintas con tomas de apoyo, cortes preliminares, edición en linea, posproducción de audio, gráficos y efectos digitales de vídeo, el vaciado del audio final, masterización y duplicación. Contratábamos por hora salas de edición profesionales, muy caras, con editores de mucha (o poca) experiencia. Así era como se hacía en ese entonces. Algunos excelentes shows, especiales, comerciales, documentales, promos y spots se producían de esa manera, en cinta.

Luego, en 1994, me lancé al naciente formato *no lineal* (basado en la computadora). Por medio de *Avid*, mientras dirigía el programa *Traveling Lite: Paris* para la red PBS, toda la edición del show se hizo en Chicago durante un periodo de dos semanas. Con quince años de experiencia *lineal*, comprendí muy pronto la facilidad y la diferencia que representaba el sistema *no lineal*. La capacidad del sistema de acceso fortuito, después de digitalizar las tomas, permitía mayor creatividad y más posibilidades. Me encantó, y todavía me encanta.

Volviendo al día de hoy, gracias a Dios ya no usamos ni siquiera cintas. Se usan tarjetas SD, discos duros y se transfieren las tomas directamente al sistema de edición. La posibilidad de filmar y editar de manera rápida y creativa, nos ofrece una potencial inmensa; y la calidad también ha incrementado.

Sin embargo, a pesar de los numerosos cambios tecnológicos y editoriales, y ahora con versiones sin límite del proyecto, algunas cosas quedan sin cambiar.

Por ejemplo, creo que **dos pares de ojos** en la sala de edición son mejores que uno solo. Un buen editor debe llegar al proyecto con una perspectiva fresca e imparcial. El editor puede ser mucho más imparcial cuando trabaja con tu proyecto, si no ha sufrido todo el proceso de producción como lo has hecho tú.

Los buenos editores, los excelentes, valen el precio que te cobran, porque son capaces de transformar esas tomas crudas tuyas en una historia que conmueve a la audiencia. O tal vez no.

He trabajado con decenas de excelentes editores, y he pasado años en salas de edición. El 90% de las veces, las sesiones y las horas que hemos pasado juntos han sido armoniosas, dando el resultado de historias relatadas en película o vídeo de una manera maravillosa, tanto en lo visual como en el audio.

Dos pares de ojos (y oídos) son mejores que uno solo.

Así que, los siguientes son mis diez tácticas y consejos básicos de edición. No es una lista completa. Otras personas podrían ofrecer veintisiete joyas más de estrategia y técnica creativa. Pero a mi parecer, lo que sigue es un punto de partida muy sólido. Si sigues estos consejos sabios, estarás bien encaminado hacia el éxito en la posproducción.

•

CONSEJO #1 – EDITA MIENTRAS FILMAS

Piensa constantemente en como vas a editar lo que estás dirigiendo y filmando. En otras palabras, edita mientras filmas. Piensa en secuencias enteras. ¿Cómo funcionará esta toma con esa otra? ¿Necesito una toma cerrada, una toma de apoyo o de transición? ¿Cuántas tomas necesito para completar el proyecto, basado en la *duración promedio* de cada toma o edición? ¿Qué se está comentando en las entrevistas? ¿Cómo puedo encontrar tomas de apoyo (acción, visuales) para hacer resaltar el tema de la entrevista?

Editar me ha ayudado a comprender en gran medida el valor de conseguir suficientes tomas de apoyo, y la toma master, para las transiciones. Prestar atención a las líneas de conversación, la dirección en pantalla, el espacio para la acción o mirada, el techo, tener a vista ambos ojos, los cortes en la acción...estos diferentes aspectos se vuelven vitalmente importantes al editar una secuencia entera o una escena específica.

Sea *no lineal,* o aún lineal, edita mientras filmas.

CONSEJO #2 – TOMA EN CUENTA EL FLUJO DE TRABAJO

Comprender el flujo de trabajo ANTES de empezar a filmar tu proyecto es crítico. ¿Dónde se mostrará está historia? ¿Cuál es el formato de grabación? ¿Las especificaciones para distribución? ¿Los requisitos para el audio? ¿Formato de imagen? Y la lista sigue.

Conocer como tu proyecto va a fluir (sin problemas) a través del proceso de posproducción es de igual importancia que conocer los atajos e impresionantes efectos especiales de edición. ¿Cuales son los codecs? ¿Cómo almacenarás el vídeo? ¿Cuales son el output y el upload? Y asegúrate que el software y el hardware (los equipos) del editor sean compatibles con el proyecto.Tener que convertir todo a otro formato requiere tiempo, energía y dinero.

CONSEJO #3 – ORGANÍZATE

Organizarte es sumamente importante y te ayudará muchísimo con el proyecto.

Cuando empecé a abordar grandes proyectos complejos, los cuales realmente tomaron años para completar (con centenares de vídeo cassettes grabados), comprendí la suprema importancia de hacer listas de tomas, de numerar los archivos, hacer listas de las mejores tomas, numerar cintas y tarjetas de SD, y saber donde estaba almacenado todo aquello. Yo creaba diferentes archivos para mis mejores tomas, entrevistas y tomas de apoyo.

Claro que uno puede llegar a tal punto de organización que pierde su creatividad en el proceso, pero conocer y organizar bien tus tomas, tanto las buenas como las malas, es de valor inestimable para tu proyecto. Te va a ahorrar frustración y dinero...y mantendrás tu cordura también.

Recuerda que debes guardar y respaldar tu proyecto FRECUENTEMENTE!

CONSEJO #4 – PIENSA EN SECUENCIAS

Los grandes directores y productores, tanto de ficción como de noficción, saben como visualizar, crear y filmar secuencias enteras que relatan la historia. Pueden ver el proyecto en su totalidad, y también las tomas esenciales para completar cada secuencia. Si creas secuencias significativas y las pones en un orden coherente, has hecho la mitad del trabajo de crear una película, segmento, show, cortometraje o documental.

Pregúntate a ti mismo: ¿Cuáles son las tomas que se requieren para filmar una escena entera? La toma de apertura, la toma master, una de los dos sujetos, una toma sobre el hombro, las reacciones de la gente, tomas de apoyo, tomas que siguen al sujeto con la cámara, tomas cerradas y las que cubren la acción o el dialogo.

¿Crees que tales tomas no tienen mucho que ver con editar? Pues, tienen mucho que ver.

Piensa en secuencias.

CONSEJO #5 – PRESTA ATENCIÓN A LA NARRACIÓN

Ya que los buenos narradores cobran mucho, yo no los contrato hasta *después* de que el cliente y yo hayamos finalizado y aprobado el guión. La participación de los artistas de narración al final nos ahorra tiempo y dinero, porque tener que contratar al narrador para sesiones adicionales debido a unos cambios al guión de parte del cliente o de ti, solo logra frustrar a todos.

Mientras espero la aprobación final del guión, grabo una pista preliminar con la narración (yo mismo o algún otro lee el guión "borrador") antes de grabar la narración FINAL. El editor y yo primero cortamos el proyecto basado en aquella narración preliminar, y después, al terminar, reemplazamos la pista "borrador" con la narración final, ajustando los cortes basado en el ritmo del narrador profesional.

Lo cual nos lleva a un punto muy crítico: Elige el narrador correcto. Un excelente narrador marca la diferencia en el guión. No contrates al cuñado de alguien, o un DJ o la sobrina del cliente solo porque uno de los directores piensa que tiene una gran voz.

Contrata a un profesional. El o ella infundirá "vida" al guión.

CONSEJO #6 – MUSICA Y AUDIO SON IMPORTANTES

La música es esencial para establecer el ambiente y el ritmo. Escoge con cuidado las pistas apropiadas de música que encajen con las imágenes y el género del proyecto, o contrata a un compositor profesional.

Para mi, tener un compositor creativo de música vale oro. Yo he trabajado con Tim Hosman, quien ahora compone cancioncillas para comerciales y pistas de audio para películas. Tim tomó mis secuencias para la serie de documentales *Pueblos No Alcanzados* y de esa "paja" logró crear oro. Repito, no contrates al sobrino de fulano porque es un músico y sabe tocar un sintetizador. La composición de pistas de música es un arte muy especializado. No todos comprenden lo que se requiere al componer música para vídeo o película.

Si el presupuesto no alcanza para contratar a un compositor, es imprescindible armonizar correctamente unas buenas pistas de música.

La música establece el tema, las emociones, el estilo y los sentimientos que quieres comunicar. Hay varios sitios web con música temática disponible para bajar, a un precio razonable.

Finalmente, es crítico hacer una buena mezcla de audio. Colocar todos los elementos del audio en pistas individuales y luego hacer el esfuerzo adicional de mezclarlo bien es lo que separa a los novatos de los profesionales. Haz una buena mezcla de audio con música, narración, voces, efectos y sonidos ambientales también.

La audiencia quizá pueda tolerar vídeo malhecho, pero nunca tolera audio que no sea de calidad.

CONSEJO #7 - CREA EL RITMO Y LOS ESPACIOS APROPIADOS

Siempre toma en cuenta la audiencia, el mensaje y el medio donde se va a ver. ¿Cuál sería el mejor ritmo (o velocidad) para contar tu historia, para que ésta comunique a la audiencia lo que deseas comunicar? Hay peligros en editar el proyecto de manera muy rápida, tanto así como un proyecto que avanza muy lentamente y adormece a la gente. Escoge el ritmo apropiado para contar tu historia de manera eficaz.

Yo creo que la sustancia es más importante que el estilo. El hecho que conozcas varios trucos de edición no quiere decir que siempre sean apropiados para un cortometraje, un segmento o una secuencia en particular. A veces los trucos son solo....trucos.

Incluye E-S-P-A-C-I-O-S. Deja que las imágenes (lo visual) y los sonidos (el audio) sostengan la historia.

No llenes cada momento en la pantalla con palabras (y música).Deja espacio para respirar y dar a la audiencia tiempo para pensar en la narración y las entrevistas. Muestra nuevas imágenes y sonidos, y después introduce las voces.

CONSEJO #8 – ¡MATA A TUS PRECIOSURAS!

Dispone a cortar tus escenas favoritas si sea necesario para avanzar la historia. Estar dispuesto y capaz de "matar a tus preciosuras" (como se dice en el mundo de la filmación) es sumamente crítico para el éxito del proyecto.

Sí, te encantó esa toma, esa entrevista o aquel escenario extenso que montaste para la filmación (y tal vez luchaste intensamente para retener una escena aún cuando era obvio que no cabía en el proyecto). Si es evidente y claro que esa toma maravillosa o aquel segmento movedizo impide el flujo de la historia, o son demasiado largos o confusos o simplemente no funcionan en pantalla...tienes que estar dispuesto a dejarlos a un lado.

Tu historia es tu misión, ¿verdad? *Nada* es mas importante que contar bien esa historia - aburrir(o confundir) a la gente es el pecado imperdonable en la producción de películas, televisión y vídeo.

CONSEJO #9 – ALÉJATE

Sal a tomar aire. Aléjate de la sala de edición. Almuerza. Tómate un café. Vete a dormir. Déjalo para otro día o para mañana (si fuera posible). Lograr una perspectiva fresca (al alejarte por un rato) te permite analizar una escena, una toma o una secuencia de otra manera. Al volver, ya refrescado, a la sala de edición (o a tu laptop) es muy posible que puedas mejorar aquella escena o aquel segmento.

A veces el cansancio se vuelve el peor enemigo de uno. Se cometen demasiados errores cuando uno está cansado. Además, con los ojos pegados a la pantalla de la computadora, uno pierde perspectiva y objetividad.

Aléjate.

CONSEJO #10 – MUESTRA EL PROYECTO A GENTE QUE LA DESCONOCE

Cuando el proyecto está por terminarse, estrénalo con alguien que lo desconoce totalmente, pero con el audio APAGADO. Solo imágenes. Luego pregúntale a esa persona de que se trataba la historia. Si puede explicar de 60 a 70 por ciento de la historia (sin el audio), quiere decir que la has hecho bien. Las imágenes están contando la mayor parte de (aunque no toda) la historia. Si no es así, es posible que tu historia este dependiendo demasiado del contenido hablado (las voces).

Luego muestra tu proyecto casi terminado a un grupo <u>pequeño</u> de personas que no sepan nada del proyecto. Esperemos que este grupo se parezca a la audiencia meta. Con un cuaderno en la mano, observa discretamente las reacciones de la audiencia. Si parecen estar incómodos, aburridos o confundidos en ciertas partes, anote esos momentos. Tal vez el ritmo no sea correcto, o una sección sea muy larga o no haya suficiente material de apoyo, o haya una abundancia de cabezas hablando o una entrevista no sea muy clara.

Ellos lo están viendo por *primera vez*, tú ya lo viste *152 veces*. Sus respuestas te pueden resultar de valor inestimable. Presta atención a los segmentos que funcionan bien, que les hacen reír, llorar o sentirse bien.

En resumen, editar es sumamente divertido para mi. Es lo que refundir es para el escritor, la oportunidad de cambiar los elementos de un lugar a otro, de mejorar los detalles, ajustar, cortar un poco más, añadir capas, corregir errores, reemplazar, en fin, darle vida a un segmento de película.

Pero, la edición final solo será tan bueno como sus ingredientes, es decir, los elementos y las tomas de la producción. Por más excelente que sea la forma en que concibes y filmas tu proyecto (manteniendo siempre la edición final en mente), más elementos sólidos tendrás cuando llega la hora de editar, sea en la sala de edición o en la laptop.

Dejaré el resto de este capítulo a los profesionales y sus consejos sensatos.

•

TÁCTICAS DE LOS PROFESIONALES PARA LA EDICIÓN

–Hazlo correctamente la primera vez, con excelentes camarógrafos y sonidistas. Toma notas para mantener un seguimiento de las tomas.

- Mark Prest, Flat Tire Filmas

–Cuando estás editando, el master final resulta ser como una gran obra de arte y literatura. Puedes incluir episodios magníficos, pero si la gente se está adormeciendo porque contiene demasiados elementos, tienes que empezar a descartar algo.

- Ken Burns, legendario cineasta de documentales premiados

–Editar es la parte difícil, sin atractivo. Trata de mantenerte tan organizado como sea posible. Títulos descriptivos para tus archivos te "salvarán la vida". Guarda el proyecto muy seguido, y respáldalo en más de un disco duro, de ser posible.

–Si estás haciendo un "sub-master" de cualquier parte de tu proyecto, por ejemplo para exportar a *After Effects*, guárdalo en un formato sin compresión. Es cierto que ocupará una buena cantidad de espacio en tu disco duro, pero a la larga te salvará de los problemas de los artefactos en la imagen que resultan de repetidas compresiones.

–Revisa las partes editadas con frecuencia para ver como te "parecen". Una pieza bien editada debe parecer más corta de lo que realmente es. Prepárate para quitarle tu toma favorita. Puedes estar encantado con la toma, a expensas de la historia.

–Muestra tu filme a gente que desconoce el proyecto cuando esté casi terminado y pregúntales que tan largo piensan que fue. Si estiman que fue mas corto de lo que realmente es, quiere decir que está bien hecho. Si piensan que es mas largo de lo que es, entonces sé que necesito editarlo un poco más.

- Alan Lloyd, camarógrafo de luces

–Editar es el "momento de la verdad". Revisa TODO, organízalo y clasifícalo. Al principio parece ser una enorme montaña insuperable, pero es curioso como, al familiarizarte con las tomas, todo empieza a tomar forma. Vas a empezar a eliminar mentalmente bastante material extra y a identificar mucho de lo que quieres utilizar. Conéctalo todo para que relate bien tu historia. No te preocupes todavía de lo largo que sea.

–Ahora empieza a cortar DESPIADADAMENTE. Menos es más... Recuerda que la palabra hablada es muy buena, pero también hay movimiento y sonido para contar la historia. Usa las mejores combinaciones de imágenes, sonidos, narración (si hay narración) y declaraciones (sound bites) de manera eficaz. Prepárate para cortar cualquier cosa que no ayuda a impulsar la historia hacia adelante con fuerza y emoción. CUALQUIER COSA.

- Randy Martin, pos-productor @ Atlas Media Group

–Editar el audio es clave, y es algo que no recibe la atención que merece. Yo puedo detectar si un segmento funciona o no por el sonido, el ritmo y la energía. que tienen. Yo sugiero depositar el audio (solamente audio) en una edición preliminar, para seguir cortando y para trabajar con el ritmo; entonces se hacen los cortes preliminares de las imágenes y luego se empieza a editar.

- Kim Kennedy, coordinador de producción, CBS News

–Siempre debes tener un guión o por lo menos un esquema para editar cuando ingreses a la sala de edición.

–Divide la historia en escenas y decide cuales escenas deben seguir a cuales otras.

–Cada toma o secuencia debe tener un motivo. ¿Por qué está allí?

–Ten presente siempre la historia que quieres contar y sigue esa línea argumental. El momento que te apartes de ella, entras en problemas.

–Recuerda que primero vas a editar "en borrador". Eso quiere decir que no te vas a atormentar con cada toma. Cuando termines la edición preliminar, puedes pulirlo, cambiando el ritmo y las tomas.

–Se desperdicia mucho tiempo discutiendo en la sala de edición. Las discusiones y disputas deben ocurrir antes de ingresar a editar.

–Si hay una disputa, no dejes que dure más de quince minutos. Deja la pantalla en negro o hazlo de una forma o de otra. Después del estreno, sabrás cual de las dos funciona mejor.

–Primero, haz un documental que tiene sentido. Luego lo puedes hacer hermoso.

–Repito, siempre asegura que sepas lo que quieres que la audiencia comprenda. No estás editando para mostrar que tan ingenioso eres, ni para complacerte a ti mismo. La película siempre debe funcionar para las personas que lo van a ver.

–Destaca a todas las mejores tomas, y si no las puedes usar en la edición preliminar, tal vez en la próxima edición las podrás utilizar.

–Una toma no transmite solo una idea. Se puede utilizar para comunicar varias ideas. Piensa en otras maneras que puedes usar la toma.

- Alan Mendelsohn, presidente, Just A Minute Words & Pictures

–Editar es como dirigir una película después del hecho (a posteriori) Una relación que funciona bien y una buena comunicación entre el editor, el director y el productor son claves.

–Siempre debes hacerte la pregunta: ¿Está avanzando la historia con esta toma? Y si es así, ¿está avanzando demasiado lento con esta toma?

–Si no estás enganchando a la audiencia a nivel de las emociones, realmente no la estás enganchando.

–En cuanto a contenido emotivo, aunque una imagen vale por mil palabras, yo creo que el audio y especialmente la música transmiten lo emotivo en un instante, por ser un lenguaje universal. Nunca subestimes el poder de la pista de audio, para bien o para mal.

–El audio puede comunicar el ¡70% del contenido emotivo!

–Del punto de vista técnico, a veces juntar secuencias con el mismo tema es la mejor manera de inspirarte un poco, y si resulta ser necesario, se puede acortar las secuencias mas adelante. Será mucho más fácil encontrar esas tomas extraviadas que pueden conectar varias partes de tu historia, si estás viendo una secuencia en vez de buscar entre una cantidad de tomas, aunque estén bien organizadas.

- Marcus Robb, director creativo, Boogaloo Media

–El editor debe estar tan apasionado como cualquier otra persona que participa en el proyecto. Es el que junta las piezas para crear todo los sentimientos y emociones posibles. Si tiene sentido para el editor, tendrá sentido para los demás. Editar con pasión y emoción realmente ES un arte.

- Jaime Goldstein, Jacob Burns Film Center

–Un buen editor te puede salvar de ti mismo (un editor que no sirve es como tratamiento de muela sin anestesia). El o ella está viendo solamente lo que aparece en pantalla. No importa que hayas esperado dos días en el pantano para solo conseguir esa mala toma de la anaconda, o que tuviste un encuentro turbulento con el asistente de producción, o que conseguiste gran material para otra película. Por más excelente que sea tu material, mas necesitarás un editor para ayudarte a cortarlo; es fácil descartar material de calidad inferior, mucho mas difícil cuando gran parte del material es muy bueno. El editor funciona como la voz de tu público, obligándote a aclarar lo que te parece muy claro a ti pero a nadie más.

- David Feingold, Ophidian Filmas

–El arte de hacer documentales es una danza, un movimiento fluido que mezcla el relato visual de historias con la antigua tradición oral de contarlas. Los dos elementos crean lo emotivo de la película. El ritmo del trabajo nace de esa mezcla. (Y que gozo se siente cuando parece que el vídeo ha terminado demasiado pronto, como que el tiempo se hubiera suspendido).

–¿Cuál es tu visión al emprender esta tarea? Ten esa visión siempre en mente. Comunícala claramente a los miembros de tu equipo. ¿Qué has descubierto en el proceso de capturar las imágenes y los sonidos? ¿Qué te han revelado los resultados logrados durante la filmación? ¿Cuáles declaraciones hechas por los protagonistas, y cuáles sonidos ambientales realmente expresan el corazón y el alma de la película?

–Vuelve seguidamente a la historia y atrévete a mover los elementos de la historia de un lugar a otro. Usa secuencias para experimentar con varias ideas. Yo creo que al prestar muchísima atención al "diseño" y "detalle" de cada imagen que pasa frente a tus ojos y hace eco en tu oído, vas a avanzar el proyecto bellamente desde el corte preliminar hasta el master final. El audio debe apoyar el flujo visual, compás por compás.

- Bev Abplanalp, educadora

–Editar es como la habilidad de un escritor al escribir, la destreza del pintor al manejar su brocha, la conexión entre la batuta del director y la orquesta. Editar es la última fase de hacer una película, donde el cineasta utiliza al editor como la "herramienta" que tornará su visión en realidad. Y el editor tiene que ser un artista capaz y sensible que utiliza la visión del director como herramienta suya.

- Erik Kapfer, productor ejecutivo, Film IT

–Desde el principio, yo siempre uso una tabla en la pared, en la cual sujeto tarjetas, para que se puedan mover las escenas físicamente. Una escena en cada tarjeta con un corto título que explica lo que se pretende comunicar. Para mi es una excelente manera económica de organizar el show antes de siquiera encender los equipos fílmicos. Te sorprenderá cuantos problemas estructurales se pueden superar de esta forma.

- Daniel Sheire, editor y productor independiente

–Como director, trabajé durante años con un excelente editor. Trabajábamos de esta manera: mirábamos juntos todas las tomas grabadas. Yo le explicaba la línea argumental de la historia y el plan que tenía en mente. Luego yo me alejaba para que el editor pudiera ensamblar todo. Entonces nos sentábamos de nuevo para el trabajo serio de editar detalladamente.

–Al dejar que el editor hiciera los primeros cortes, conseguimos la perspectiva de él en cuanto a las tomas. Se trataba simplemente de lo que estaba grabado, sin las emociones de lo difícil que fue filmarlo o de lo complicado que era el tema. Además, me daba una visión alterna a la mía. El proceso de editar puede ser el más gratificante y el más creativo, si trabajas con un editor que participa y contribuye.

- Keith Hawke, Hawke Filmas

–He tenido la buena suerte de trabajar con editores excelentes (solo uno fue desastroso). Trabajar con editores es como estar enamorado: con una buena persona es algo muy placentero (aunque a veces intenso) pero con una persona pésima, es mejor terminar la relación pronto y por lo menos aprender algo de la experiencia. También, como en los noviazgos, no hay una formula perfecta que garantiza felicidad para todos.

–Me gusta sentarme al lado del editor para que luchemos juntos con las tomas. Yo suelo hacer documentales políticos complejos. No cabe duda que yo tengo mucho mas conocimiento del tema que cualquier editor con quien trabajo. Sin embargo, el o ella representa mi audiencia y hace preguntas sobre lo que esa audiencia necesita saber. Un buen editor te puede salvar de ti mismo. El o ella te puede ayudar a relatar tu historia de manera más efectiva y eficiente, mientras convierte tu sueño en realidad.

- David Feingold, Ophidian Filmas

–Antes de subir un segmento, es esencial anotarlo en una lista de tomas con todo el detalle posible. Anotar todo bien te ahorra tiempo porque no tendrás que estar buscando mas tarde alguna escena o toma que necesitas y no puedes encontrar. No importa si el vídeo sea de dos horas o dos minutos; la organización es clave.

–Tener un buen editor, uno que sabe más que solo oprimir botones, también es importante. La colaboración puede hacer que, y hará que, tu esfuerzo sea mas satisfactorio. Tal vez esa persona tenga una idea alternativa que no se le ocurrió al productor.

–Apégate a la historia. No temas cortar las cosas superfluas.

- Jeff Toback, productor, MLB.com

–Los editores se parecen mucho a los escultores. Crean una obra de arte de una masa de barro. Es un arte. El diseño y la edición de sonido también juegan un importante papel en el proceso de editar.

–Me encanta editar: es donde la historia empieza a tomar forma. Cuando estoy planificando una filmación, escribiendo el guión o ya participando en la escena, pienso como un editor y en como todo el material va a relacionarse entre si. Estar organizado es crítico para trabajar eficazmente y evitar desperdicio de tiempo.

- Jon Leonoudakis, Evzone Media

–Estar bien enfocado te ayuda en el proceso de luchar con el material. Cada escena debe tratarse de una cosa, debe comunicar un mensaje y luego hay que seguir adelante. Quita todo lo que no ayuda a comunicar aquel mensaje.

- Nathan Shields, freelance picture editor

–Editar es algo que te consume totalmente (en particular si también filmaste las tomas) y se necesita tiempo para alejarte, apartarte un poco antes de hacer los cortes finales. Siempre me asombra que tan fácil es, y que tan despiadado soy, cuando regreso con ojos, oídos y corazón refrescados.

- Simon Dikkenberg, productor, Siberg

–Interrumpe la edición con recesos cortos, saliendo a caminar, etc. Hay que descansar los ojos para no dañarlos, y solo apartar la vista de la pantalla por unos diez o quince minutos ayuda mucho. Toma agua durante la edición, porque si no lo haces, te vas a agotar.

- Richard Sachs, GIA Film Producciones

–Piénsalo así: si para una película hay tres "cocreadores" (el guionista, el director y el editor), los "cocreadores" del documental serían: el director, el camarógrafo, y el editor. Lo que se filma, lo que se ve en pantalla, es tan importante como lo que quieres decir con todo aquello.

–Yo recomiendo "estrenos" previos al estreno: Cuando muestras tu película a alguien que no tiene nada que ver con ella, te das cuenta inmediatamente de lo que es necesario y de lo que no es.

- Sandra Rodriguez, directora y guionista independiente

–Editar es la mejor parte de la producción de una película. Es en realidad donde se crea la película. Yo siempre tengo un guión general que sigo, y trato de editar con la cámara, mientras filmo, si es posible. Sugiero que "mires" la película mientras se edita, como si fueras la audiencia en el teatro, no solo el director y/o editor. Olvídate del egoísmo, a menos que hayas filmado esta película solo para verlo tú con tu mamá.

- Elizabeth English, Moondance International Film Festival

–Las escenas mas impresionantes, las que funcionan maravillosamente por si solas, pero resultan en el retraso o la ruina de la película en su totalidad, se tienen que eliminar.

–Parte del proceso es confiar en tus instintos y desarrollar un estilo que alcanza a la audiencia que quieres alcanzar. Debe ser algo instantáneo, rápido, y es el arte de tener el valor de confiar en aquellos instintos iniciales.

- Merethe Rosvold, editora, GBFTE

CAPÍTULO 13 REPASO: EDITAR

1. Edita mientras filmas.
2. Infórmate del flujo de trabajo.
3. Organízate.
4. Piensa en secuencias.
5. Presta atención a la narración.
6. La música y el audio son importantes.
7. Crea el ritmo y los e-s-p-a-c-i-o-s apropiados.
8. Mata a tus preciosuras.
9. Aléjate.
10. Muestra tu proyecto a la gente que lo desconoce totalmente.

CAPÍTULO 14: ADMINISTRAR EL TIEMPO

Nunca hay Suficiente Tiempo

•

–El tiempo es o tu mejor amigo o tu peor enemigo.

- Craig Forrest, productor-director-escritor

El tiempo es una de las más valiosas posesiones capitales para tu proyecto o filmación. Es una comodidad de tanto valor como el dinero, el talento, las instalaciones, las habilidades y el conocimiento técnico. Utiliza el tiempo sabiamente.

Hay una expresión que se ha dicho más de una vez, –No alcanza el tiempo para hacerlo bien, pero sobra para hacerlo mal.

Aparta suficientes días, semanas (o meses) para conseguir tu historia y contarla como debe ser contada, con suficiente tiempo para grabar los elementos visuales y acústicos, y luego crear el mejor plan de edición para poder editar el vídeo con pasión y con calidad.

He notado que demasiadas producciones se hacen de prisa, sin el tiempo adecuado para filmar debidamente la película, el vídeo o el documental. Proyectos que se han producido bajo presión de tiempo. El vídeo ya se necesitaba ayer, o la filmación se pidió al último momento porque el productor esperó demasiado para tomar la decisión final.

A veces el fracaso se debe al "parálisis por exceso de análisis", cuando se examina demasiado cada detalle, antes de empezar a filmar. Cierto. Y la indecisión es un factor crítico también. Al fin de cuentas, filmar lo más rápido que sea humanamente posible presiona demasiado al proyecto y a la gente que participa en él.

¿Cuántos proyectos se hubieran salvado con solo un poquito más de tiempo?

•

MADRAS, INDIA

Hasta la fecha puedo recordar una filmación que se hizo en forma totalmente improvisada hace años en Madras, India. Trabajábamos para un grupo prestigioso, con altas normas profesionales en cuanto a la producción de televisión. El resultado fue producir dos vídeos: uno para levantar fondos, basado en el ministerio de un orfanato, y el otro para inspirar y promover un gran evento en aquella ciudad.

La productora con quien estaba trabajando tenía experiencia con radio, pero nunca había administrado la filmación o producción de un vídeo. Y, desafortunadamente, aquel fue mi primer y único proyecto para ese cliente. Porque tuve un pequeño pleito con la productora novata, sobre la manera correcta de manejar el tiempo y las entrevistas, las cuales no fueron planificadas ni programadas de manera eficaz.

Los problemas empezaron cuando el cliente decidió reducir los cuatro días de producción en la India a tres, por razones de presupuesto. Imagina producir dos vídeos completos en solo tres días, en la bulliciosa ciudad de Madras, India, donde “el tiempo no significa nada”. Tuvimos que conformarnos con el plan de “a ver como sale”.

Pero, desde el inicio, la producción nos obligaba a tratar de hacer demasiado en las pocas horas o días programados. Se empleaba una mentalidad de prisa en todo. Siendo yo el camarógrafo, tenía que colocar las luces, manejar el audio y armar todo tan rápido como fuera posible, porque siempre había más tomas en la lista de la productora que tendríamos que conseguir.

El vídeo y la producción en el orfanato no fueron difíciles, porque todo se realizó en un gran edificio de varios pisos. El contenido fue impactante, con el comedor para niños en un lugar, las habitaciones, la distribución de ropa, la enseñanza escolar... todo aspecto del cuidado de centenares de niños huérfanos. También había una clínica médica al lado del edificio donde se atendía a los pobres y a los indigentes, ofreciéndoles medicinas y cirugías sencillas. El vídeo estaba repleto de material y de historias muy valiosas. Ya que la locación consistía de un solo edificio, pudimos ser muy productivos cada día.

Sin embargo, uno de los fracasos de aquel plan de filmar dos vídeos diferentes era que las entrevistas para el segundo proyecto se programaban improvisadamente. Lo que nos tomó por sorpresa fue que las entrevistas se realizaban con una sola persona, en su lugar de trabajo, al otro lado de la ciudad, y se hacían al último momento, cuando la persona estuviera disponible. Lo cual significaba que, mientras estábamos trabajando productivamente en el orfanato, de repente tendríamos que subirnos a un vehículo, ir a un lugar bastante lejano para una entrevista, montar el equipo para la escena, filmar, desarmar todo, subirnos al carro de nuevo y volver al orfanato. Estas filmaciones en locaciones al otro lado de la ciudad nos causaban una pérdida de mucho tiempo valioso. Si hubiéramos programado una tarde o una mañana entera solo para las entrevistas, nos habría funcionado mucho mejor.

Todo estalló en el último de los tres días. Todos los objetivos en la lista de la productora, que no se habían filmado, se tenían que filmar en ese último día. Algunas de las entrevistas todavía no se habían programado.

Empezamos a las 6 de la mañana, y seguimos trabajando hasta las 7 de la tarde, cuando nos encaminamos rumbo a la locación final. Yo tenía que salir en un vuelo para Grecia a la 1:50 de la madrugada, me faltaba empacar y bañarme antes de viajar, y estábamos apenas empezando otra filmación en las últimas horas antes de salir del país.

Comenté acerca de la situación con la productora, mientras andábamos en el carro a la última locación. Mi frustración era muy evidente. Me quejé de tener que correr y hacer las entrevistas improvisadas, y le dije que se podía haber planificado mejor.

Mis comentarios le cayeron mal a la joven productora y ella me respondió que tal vez el problema era que yo no estaba acostumbrado a trabajar tan arduamente ni por tantas horas. Lo frustrante era que ella no comprendía el problema...que no se estaba manejando bien nuestro tiempo como equipo de producción.

Aquello cerró para siempre la puerta en cuanto a mi participación en proyectos futuros. Yo había criticado a la productora, quien no dudó en decirles a sus jefes que, según ella, yo tenía un problema de actitud. No estábamos en la misma "onda".

Ella pensaba que cualquier cosa que me pedía, aún cuando era un error de su parte, yo debía hacerlo funcionar, porque a mí me estaban pagando.

A mi manera de pensar, ella no había administrado el tiempo debidamente, había comprimido los cuatro días de producción para hacerla en tres, y ahora todo lo que no hicimos en los primeros dos días, se tenía que hacer a la fuerza en el tercer y último día.

Para mí, era una falta de planificación y un mal manejo del tiempo, aún en la India.

El tiempo es o tu mejor amigo o tu peor enemigo.

•

EL LUJO DEL TIEMPO

Tiempo adicional será de mucho beneficio cuando llueva ese día importante de filmación en la plaza, o cuando una entrevista empiece con dos horas de retraso, ocupando así toda la tarde en vez de unas cuantas horas. Suficiente tiempo para planificar permitirá una mezcla bien hecha en la posproducción, una segunda edición para un segmento, o un horario que no sea caótico para entregar el master final.

La producción, incluyendo los preparativos y la edición, ocupa tiempo. Requiere programar y manejar sabiamente el horario del proyecto. Y hay que apartar el tiempo necesario para hacerlo bien.

Pero muy a menudo, cuando se sienten apurados, los gerentes de producción o los supervisores de la posproducción insistirán en las fechas tope (reales o imaginarias) para el proyecto. Si no se relajan un poco, algo va a destallar.

Filmaciones en locaciones en algunos países suelen tomar mucho más tiempo de lo que se espera. El concepto del tiempo varía mucho entre América Latina y Norteamérica, por ejemplo. Ya que se maneja el tiempo de diferente manera en algunas culturas, los equipos de producción deben aprender a no esterares por ese detalle. El transporte, las reuniones y las citas, el tráfico, los servicios y la gente, rara vez funcionan todos al ritmo del reloj. Uno tiene que hacer ajustes y prepararse para lo inesperado.

Varias veces me he subido a un taxi en algún país, le he dado la dirección al chofer, hemos negociado la tarifa y lo primero que hace es cargar gasolina. Aquella parada inesperada para comprar combustible consumía tiempo valioso para mí. Pero el chofer pensaba llenar su tanque, que estaba casi vacío, solo después de conseguir su primer pasajero del día, y yo era esa persona.

El vehículo de producción esta citado para las 7:30 de la mañana pero no llega hasta las 8 o a las 8:30. El chofer tenía que hacer un mandado, o llevar a sus hijos a la escuela antes de llegar al hotel. Las 7:30 significaba una cosa para mí, pero otra cosa para él.

Estos son solo dos ejemplos de muchos que podría contar. Hay que ser adaptable, flexible y paciente con tus expectativas en cuanto al horario cuando estés fuera de tu zona de confort. Aparta más tiempo de lo que piensas que vas a necesitar. Porque casi siempre, lo necesitarás.

También, apartar un poco de tiempo durante una producción, en horas de descanso, para que todos se diviertan, es de gran beneficio. Producir un proyecto es generalmente pesado pero puede ser también una oportunidad para relacionarse con los demás, sobre todo cuando están viajando. Pasan mucho tiempo juntos. Se forman amistades. Las experiencias compartidas, sean buenas, malas, divertidas o serias, unen a la gente. Por lo tanto, dejar un poco de tiempo para la diversión es muy valioso. Demuestra al equipo y al personal que los valoras mucho, y eso te será de mucha ayuda durante el proyecto, cuando lleguen las presiones de las fechas límite o cuando surjan tensiones en la filmación. La diversión permite desahogarse.

Planifica una gran celebración al final. Podría ser una cena especial, un paseo a un lugar famoso, o un evento en la ciudad donde estén. Al personal le va a encantar y será un descanso de las largas y cansadas horas monótonas de trabajo. Tomar tiempo para divertirse comunica a todos los miembros del proyecto que son importantes y valiosos. La diversión contribuye mucho al ánimo del equipo.

Finalmente, quisiera animarte a *buscar una manera de organizarte.* Calendarios, cuadernos, pizarras blancas, programar en tu celular, algún software para programar citas, carpetas o agendas...lo que funcione para ti y te mantenga organizado, úsalo y procede de acuerdo al mismo.

Crear regularmente una lista diaria de quehaceres, y priorizar el tiempo, será de beneficio para ti y para tu proyecto.

Planificar, escribir, producir, dirigir, filmar, editar...para todo hay que manejar el tiempo sabiamente.

•

TÁCTICAS DE LOS PROFESIONALES AL MANEJAR EL TIEMPO

–Hay un dicho que dice, –No alcanza el tiempo ni el dinero para hacerlo bien, pero sobra tiempo y dinero para hacerlo de nuevo. Hay que tomar tiempo para hacerlo bien la primera vez. Si eso requiere gastar un poco más, al final valdrá la pena, en términos de tiempo y dinero ahorrado.

- Dustin Ebsen, Beantown Producciones

–No he estado en ningún lugar en el extranjero donde el horario es tan importante como lo es en mi país. Prepárate para las esperas... y mientras esperes, disfruta de nuestro mundo hermoso.

- Charley Buchanan, camarógrafo de PBS

–Aparta más tiempo de lo que piensas que vas a necesitar.

- Steve Taylor, Digital Espátula

–Sugerencias para filmar en el extranjero:

–Por lo menos un miembro del equipo debe tener experiencia con la producción en el extranjero. Podría ser el camarógrafo, el guionista o el productor.

–Cuanta más experiencia tengan los miembros del equipo, más probabilidad va a haber de tener éxito con el proyecto.

–Hay que anticipar que todo puede tomar hasta el doble del tiempo que tomaría en el país de uno.

–Planifica para lo inesperado.

- Jim Rawn, Year 64 Media

CAPÍTULO 14 REPASO: TIEMPO

1. El tiempo es o tu mejor amigo o tu peor enemigo.
2. El tiempo es una de las posesiones capitales más valiosos para tu proyecto.
3. No alcanza el tiempo para hacerlo bien, pero sobra para hacerlo mal.
4. No seas víctima del "parálisis por exceso de análisis."
5. ¿Cuántos proyectos se hubieran salvado con solo un poquito más de tiempo?
6. Sé adaptable, flexible y paciente con tus expectativas, en cuanto al horario, cuando estés fuera de tu zona de confort.
7. Crear tiempo durante el proyecto, cuando no estén trabajando, para que todos se diviertan, produce tremendos beneficios.
8. Busca alguna manera de organizarte.

CAPÍTULO 15: RESPETAR OTRAS CULTURAS

Diferencias Culturales

•

–Lo que tenemos aquí es una falta de comunicación.

- *Strother Martin, el Capitán*

(Cool Hand Luke, 1967)

En el transcurso de mi trabajo por todo el mundo, dirigiendo numerosos proyectos de cine, televisión, vídeo y documentales, he interactuado con decenas de diversas culturas y pueblos. Al viajar y filmar durante aquellos proyectos, me he encontrado con centenares de grupos lingüísticos, de creencias espirituales y de grupos étnicos. Naturalmente no he salido totalmente ileso, ya que he cometido varios errores terribles y vergonzosos. Algunos de aquellos tropezones culturales torpes quedan grabados permanentemente en mi memoria.

NIGER: Una vez, en la ciudad calurosa y polvorienta de Niamey, Niger, en África occidental, me tropecé y me caí, sin querer, encima de la tumba de un niño musulmán, durante una ceremonia funeraria al aire libre. El imám y la familia, quienes estaban dirigiendo el servicio funerario a unos metros de distancia, se enfurecieron al ver mi infracción. Me gritaron, agitando los puños airadamente y amenazaron con destrozarme, por haber profanado la tumba de un bebé. No les culpé por su enojo en ese momento, ni ahora les puedo culpar. Con toda humildad y respeto les pedí muchas disculpas, profusamente y repetidamente...y con mucha pena, logré escaparme con vida. Olvídate de tu dignidad en un momento así. Pide perdón y sal del lugar lo más pronto posible.

MARRUECOS: Al terminar un segmento acerca de los extensos jardines, la piscina y la arquitectura del lujoso *Hotel Mamounia* en Marrakech, Marruecos, yo había empezado, lo que a mi parecer, era una amistosa conversación con la atractiva guía de los servicios para huéspedes. Ella había coordinado la locación de la filmación y nos consiguió la entrada a las exquisitas y suntuosas habitaciones. Mientras empacaba mi equipo, y de una manera demasiado despreocupado, me incliné para besarle la mano. Asustada, retiró la mano rápidamente y me escoltó al lobby, se dio la vuelta y regresó con prisa a su oficina. Siendo una mujer marroquí, le había parecido que mi gesto elegante tipo francés era grosero, sexual y un insulto. Mi esfuerzo poco convincente de agradecerle al estilo europeo, realmente le había ofendido. Al considerar mis acciones, no sé que estaba yo pensando. Ella tenía razón, yo me equivoqué, y traté, con mucho esfuerzo, de disculparme y rectificar la situación. Pero el daño serio estaba ya hecho. Y allí terminó la filmación también.

INDIA: Mientras filmaba en el Rio Ganges de Varanasi, India, me di cuenta de que al lado de los templos cercanos se quemaban los cuerpos de los muertos, como parte de unas ceremonias santas hindúes. Una voz interna me hizo recordar que mi cliente de producción en los Estados Unidos me había pedido grabar cualquier pira funeraria que encontrara en mi gira por el Ganges. Pero otra voz me hablaba, la de un joven indio que remaba su lanchita rústica en el río, y de quien yo era el cliente. El ya me había advertido que los ritos de las fogatas funerarias en las orillas del río eran sagrados, según su fe hindú, y prohibidos para mi.

A pesar de sus advertencias, yo me volví y tomé rápidamente unas cuantas tomas de un cadáver ardiendo, mientras que pasábamos por la pira. El dueño de la lancha se molestó bastante. Yo sabía y sentía que mis acciones despreocupadas habían ofendido sus creencias hindúes, porque el aspecto de su cara cambió de amable a desagradable y así siguió durante el resto de nuestro paseo en el río. Agradar a mis clientes no valía tanto como para causarle esa angustia espiritual al dueño de la lancha, cuando filmé en la dirección equivocada y en el momento equivocado.

•

HACERLO CORRECTAMENTE

Durante mis viajes al extranjero, han sucedido muchos mas incidentes embarazosos, pero me voy a limitar a contar solo tres.

Equivocarme no es algo que siempre hago, ya que también he sido respetuoso y sensible durante varios otros desafíos transculturales que han surgido.

CAMBOYA: En los horríficos *Campos de Matanza* en las afueras de Phnom Penh, Camboya, hay profundos pozos de cal donde se encuentra la gente, tanto joven como vieja, que fue sacrificada y decapitada con palas filosas por el cruel Khmer Rouge. A veces metían las cabezas en un foso y los cuerpos en otro. Las calaveras fueron colocadas después al lado de un monumento, en el terreno dedicado a los caídos y olvidados que fueron matados cerca del Río Mekong. Antes de sacar mi cámara para filmar, yo decidí primero caminar calladamente, en oración, alrededor del sitio. Tomar tiempo para observar el terreno sagrado y meditar en la realidad de la genocida de aquel holocausto trágico, fue mi manera de respetar y honrar las vidas inocentes de millones que habían perecido allí. Solo después de pasar un tiempo apropiado en silencio fue cuando comencé a filmar.

UGANDA: En Kampala, Uganda, acompañé a mi muy buen amigo, colega y productor de campo, Greg Fisher, en una inspección del hospital de SIDA en el centro de esa ciudad capitalina. El hospital estaba repleto de moribundos y casi muertos, y durante su estadía todos dependían de sus familiares y amigos, quienes tenían que suplirles comida, ropa, sabanas y los gastos de sus medicamentos. Greg y yo caminamos sombríamente por los pasillos oscuros, pasando de cama en cama, de cuarto en cuarto. Sonreíamos a los pacientes, les saludábamos con un silencioso asentir de la cabeza, pero no dijimos casi nada durante nuestro recorrido del hospital. Por fin, después de explorar la mayor parte del hospital, le dije a Greg que no me parecía que debía filmar allí. Era un lugar de muerte. Los moribundos, a mi manera de pensar, merecen mantener su dignidad y respeto, y para mí, eso incluía el derecho de no tener una cámara de vídeo enfocada en su miseria.

TAILANDIA: En las afueras de Chiang Mai, Tailandia yo tenía la tarea de grabar vídeo de un orfanato cristiano que cuidaba de niños y bebes con SIDA. Aquellos pequeñitos, algunos recién nacidos, se contagiaron con la enfermedad de parte de sus madres o de las infusiones de sangre contaminada. En la enfermería, una linda niñita tailandés de unos tres años, trágicamente se estaba volviendo ciega. Era la primera señal de que su cuerpecito se moría de la infección VIH. Para aliviar su dolor, una voluntaria cargaba a la preciosa niña en sus brazos, y se podía ver la cara de la chiquita recostada en el hombro de la mujer. Con cuidado y respeto, yo filmé sus brazos frágiles, que se mecían al ser ella abrazada, consolada y amada. No dije ni una palabra, ni hice ningún ruido. Ese momento tierno de la niña moribunda fue mi momento también. Todavía veo en mi mente su cara inocente, al escribir estas palabras. Murió solo unas semanas después.

NIGER: En Niamey, Niger en África occidental, durante una visita a la mezquita central de la ciudad, un asistente del imám hizo amistad conmigo. Cuando descubrió que yo era de los Estados Unidos, y que era un director de documentales que había venido para filmar escenas culturales de su ciudad polvorienta, de inmediato insistió en darme un tour personal él mismo. Tomándome de la mano, me llevó al lugar exacto donde el presidente del país rezaba cada viernes al mediodía. Seguimos luego a admirar las pinturas exquisitas en las paredes de la mezquita, las alfombras de valor inestimable en el gran piso extenso, y luego observamos a un grupo que estudiaba el Corán en el centro de la mezquita.

Yo le traté con respeto y escuché sus historias y observaciones elocuentes y animadas. Debido a mi experiencia previa en África, yo sabía que al tomarme la mano, según las costumbres y tradiciones africanas entre los hombres, el ya me consideraba un nuevo amigo querido. El hecho que no me soltaba la mano no me molestó, ni tampoco me hizo sentirme incomodo.

Mas tarde, después del tour guiado del gran edificio, yo le pedí, con mucho cuidado, que me diera permiso para filmar el grupo que estudiaba el Corán. Me dijo que sí, y que sería un honor tanto para ellos como para él. Así que pude filmar tal vez las mejores tomas de musulmanes devotos que jamás haya filmado en mi vida profesional. Y me hicieron el favor hasta de abrirme las grandes puertas de la mezquita para permitir que entrara mas luz.

Si yo hubiera tratado de manera grosera a aquel asistente del imám, si me hubiera molestado cuando me tomó la mano, o si hubiera actuado de forma descuidada, impaciente o apurada, nunca habría ganado su confianza, ni habría recibido su permiso para filmar a los estudiantes del Corán.

COSTA DE MARFIL: En el país de Costa del Marfil, en África occidental, nos detuvimos en un pueblito para filmar una escena tribal típica. Antes de sacar una sola pieza de equipo de nuestros vehículos, mis colegas y yo nos fuimos a encontrar con el jefe de la tribu. Nos sentamos con él en su pequeño hogar, nos sirvieron refrescos, nos dio la bienvenida, nos habló de la prosperidad de su aldea, y de la salud de él y de su familia. Hablamos de la naturaleza del proyecto nuestro y de lo que queríamos lograr esa mañana, y le preguntamos lo que él pensaba y qué nos permitiría hacer.

Entonces, y solo entonces, le pedimos su amable permiso para filmar en su pueblo, con su gente. El jefe, de unos treinta años de edad, fue mas allá de lo esperado y les pidió a los ancianos, los niños, los hombres y las mujeres que se vistieran todos de traje típico para las cámaras. Filmamos a las jovencitas que molían el maíz para la comida. A los niños jugando con juguetes caseras. Los viejitos jugando a las damas en el patio. Los obreros de toda edad recogiendo los cultivos en el campo. Los jóvenes cargando agua.

Al tomar tiempo para honrar al jefe, y al involucrarlo en el proceso, le mostramos el respeto que su liderazgo merecía, y también nuestro respeto de la cultura y la gente local.

Anda con cuidado, lleva una cámara pequeña y espera el momento oportuno.

•

CONSEJOS EN CUANTO A DIFERENCIAS CULTURALES

Lo siguiente es todo lo que voy a decir acerca de ciertos asuntos culturales, aunque seguramente hay otros consejos bien guardados en mi cerebro. Hay que reconocer que he llegado a estas opiniones, ideas y experiencias al aprender de mis errores. Lo cual incluye una serie de éxitos, equivocaciones, observaciones y fracasos.

SER EXTRANJERO: Muy probablemente, en algún momento serás el único de una pequeña minoría en un país extranjero. Con el tiempo he llegado a apreciar otros puntos de vista, creencias, sistemas, idiomas y religiones de varias nacionalidades y culturas diversas.

Viajar es un gran maestro, uno de los mejores.

Permite que tus viajes te eduquen y te informen. Como resultado, tu carácter mejorará y apreciarás mucho más las libertades y oportunidades de tu propio país. Deja que esas experiencias te estiren y te moldeen. Te convertirán en una mejor persona, por dentro y por fuera.

TIEMPO: Toma bastante tiempo. No te preocupes tanto de los detalles. A veces estamos demasiado apurados. Tranquilízate, saborea el momento y disfruta el proceso. Aprende que el tiempo tiene significados diferentes en otras culturas. Entonces, goza de las diferencias y sigue la corriente. Si tratas demasiado de cambiar el concepto de tiempo de los demás, ellos se frustrarán o tal vez tu mismo te desesperarás.

GRACIAS: Los he contado y puedo afirmar que sé decir *gracias* en unos 22 idiomas, incluyendo finlandés y swahili. En algunos casos, como en el nepalés, húngaro y rumano, es la única palabra que conozco. Pero no hay una palabra más importante que *Gracias*. *Por favor* es muy bueno también. ¡*Hola*! ¿*Cómo estas? Adiós*. Unas palabras claves pueden transformar la cara seria de una persona en una cara sonriente.

En casi cualquier parte del mundo o cualquier cultura, el esfuerzo de hablar unas palabras en el idioma local resultará en más respeto y aprecio de parte de los demás. Porque estás tratando de comunicar en el idioma nativo de ellos, no el tuyo. Claro que vas a hacer errores de pronunciación. En China, podrías decir caballo cuando quieres decir madre, si no dices la palabra con el tono correcto, Ríete con ellos, con humildad, y trata de ser cortés y amable. Lo lograrás, de alguna manera. Lleva contigo un cuaderno de frases o pídele a una persona local que te ayude con algunas palabras claves y básicas.

EL IDIOMA CORRECTO: Aún cuando se comparte el mismo idioma es de muchísima ayuda, al viajar, buscar las palabras apropiadas que emplea un país o una cultura en particular, para poder usarlas correctamente. En un restaurante de México puedes pedir "vainicas" o "judías" pero hasta que digas "ejotes" no te van a entender. En Francia, se usa la palabra "chariot" que quiere decir carruaje, para el carrito que se usa en los aeropuertos para el equipaje. Aprender y usar los modismos locales siempre será muy útil. Presta atención. Escucha lo que dicen los meseros, clientes, taxistas, y recepcionistas del hotel. Y no dudes en preguntarle al conserje una o dos frases que también te puedan ayudar. A los del hotel les encanta ser de ayuda. Pregunta amablemente y escoge tus palabras sabiamente.

SONREÍR: Una sonrisa es poderosamente contagiosa. Muchas veces he entrado a aldeas donde nunca han visto antes a una persona blanca, mucho menos una persona tan blanca como yo. Los niñitos van corriendo a los brazos de sus madres cuando me ven. Hay un llamado a la guerra. Empiezan a golpear los tambores. Estallan revoluciones. Se forman ejércitos. Estoy bromeando, pero aún si los ancianos de la comunidad te estén revisando o los clientes de la cantina donde tuviste que entrar para usar el baño te estén haciendo el recuento, debes sonreír. Marca una gran diferencia. Recuerda, si eres hombre, que debes tener cuidado al sonreírle a una mujer. Puede ser que ella lo considere descortés o un avance sexual. Pero en el 90% de los casos, muéstrales tus dientes.

EL HUMOR: A mi me gusta, por naturaleza, bromear, y entretener con un buen chiste y me encanta reír. Pero lo que a mí me parece chistoso no necesariamente causará mucha gracia en Cairo. O Ciudad del Cabo. O Calcuta. Escoge sabiamente el momento para el humor. Elige la situación o las circunstancias correctas. Toma en cuenta la audiencia. El humor puede causar momentos incómodos y torpes, particularmente si otros consideran el chiste ofensivo o vulgar. Sí, el humor puede aliviar la tensión. Pero también podría causar una pequeña guerra transcultural. Mejor no contar ese viejo chiste del rabino, el sacerdote y el imám que solo tenían un paracaídas cuando su avión estaba a punto de estrellarse.

Siempre evita los temas de política, otras religiones y el sexo. Punto.

LA RELIGIÓN: Sé amable y cortés al visitar iglesias, mezquitas, sinagogas, templos y cualquier otro sitio religioso. Usar la ropa apropiada, (de hombre o de mujer), es una señal de respeto, lo cual incluye a veces taparse la cabeza, los brazos y las piernas. Aprende las costumbres, por ejemplo, cuando se debe quitar los zapatos y la forma correcta de saludar (siempre con la mano derecha).

Hacer comentarios en forma de broma acerca de las estatuas, pinturas, ídolos, libros sagrados, la música, los cultos o cualquier otro aspecto de las creencias religiosas del país es una falta de respeto y sensibilidad. Muchos templos también son lugares de interés histórico, y representan un significado cultural que va más allá de un lugar de oración. Trata de tomar en cuenta la importancia que el edificio fascinante y majestuoso representa para el país que visitas, la gente y su fe.

PRUEBA LA COMIDA: Ha sido un gozo para mí disfrutar de comidas inolvidables en lugares exóticos. Y naturalmente, un poco de esa gastronomía intrigante me ha causado problemas después. Pero también sufrí una intoxicación alimentaria de un sandwich que comí en un restaurante conocido en California. La distancia y lo exótico no son las únicas causas de malestar digestivo.

Prueba las delicias locales, atrévete y saborea lo que el país y la cultura ofrecen. Quien nada arriesga, nada gana. Sal del hotel, y come en un restaurante que el hotel recomienda. O pregunta a la gente local. Mira, experimenta, saborea.

IR DIRECTAMENTE AL GRANO: En muchas culturas, ir directamente al grano en una conversación inicial es una falta de cortesía. Incluso en asuntos de negociaciones y producción. Primero se sirve el té, café o refresco, como señal de hospitalidad. Muchas veces las conversaciones empiezan con un intercambio de noticias acerca de las familias, las aficiones, los viajes u otros temas de interés mutuo. De hecho, preguntar acerca del bienestar de la familia es una buena manera de hacer amistad. Se debe conocer a la persona primero antes de entrar en el tema de por qué hemos llegado y qué queremos hacer. Nuestro gran plan puede esperar hasta después de conversar informalmente e intercambiar cortesías.

Empieza con la amistad primero, y espera que los resultados deseados vengan después.

•

¿TURISTA O VIAJERO?

El comportamiento insistente, grosero, ruidoso y exigente no logra un resultado exitoso, ni en el propio país de uno. Y ciertamente no funcionará en el extranjero tampoco. Aprende a controlarte, o prepárate para ser despedido muy pronto.

Puedes escoger ser turista o viajero. Si tu perspectiva en cuanto a lugares en el extranjero es que son todos sucios, atestados, incómodos y desagradables, es probable que seas turista. Vas a volver a casa quejándote de que llovió tanto, o de que nadie te comprendía ni palabra de lo que decías. Quejarte del tráfico (como la de la ciudad de México o de Bangkok por ejemplo) no logra nada. Buscar pizza o tacos en todos lados significa que uno es turista. Regatear y regatear hasta hacer que el vendedor baje su precio al mínimo solo para diversión tuya es el comportamiento vergonzoso de un turista también.

Sin embargo, si te gusta probar nuevas comidas, experimentar el colorido de nuevas culturas, ser flexible en cuanto al tiempo y los horarios, conversar con gente nueva, y estás dispuesto a decir algunas frases en un nuevo idioma, entonces es probable que seas un buen viajero. Los buenos viajeros se parecen al arroz blanco: son personas que se mezclan con y absorben los ricos sabores de las muchas culturas, personas y países que los rodean.

Deja atrás las malas actitudes, los prejuicios y las ideas preconcebidas.

Trata de ser un buen viajero.

•

CALCUTTA, INDIA

My amiga y colega, Jaxn, me relató una historia hace años de la filmación de un vídeo que había hecho una vez en Calcuta. Ella es escritora y productora, y estaba filmando un proyecto sobre la distribución de libros para niños en salones de clase por todo el mundo. El grupo que ella representaba también distribuía libros cristianos.

Para filmar un segmento promocional, su cliente en los Estados Unidos había contratado a un equipo fílmico local en Calcuta, el cual incluía un camarógrafo, uno que manejaba el sonido y un director. Pero si el director no daba la orden al equipo, no pasaba nada. El director estaba controlando todo, sin hacerle caso a su cliente, Jaxn. Ella se encontraba sin control de las tomas que se grababan, ni de la logística de la filmación, a pesar de sus intentos de aportar algo. El grupo no había traído un monitor de vídeo, así que Jaxn no tenía forma de confirmar exactamente lo que se filmaba y grababa durante el día de producción, a menos que lo tratara de ver en el monitor pequeño de la cámara misma.

Al final, el resultado de lo que se filmó fue todo un fracaso, en cuanto al vídeo grabado. Algunos vídeo cassettes se podrían usar, pero el sonido salió distorsionado en todos. Hasta la fecha, Jaxn todavía no entiende por qué no la incluían en el proceso, y no fue hasta después de volver a casa que pudo ver las cintas y darse cuenta de lo pésimo que era el vídeo.

En retrospectiva, Jaxn vio que un dilema doble la había mantenido atrapada: estaba trabajando con un grupo fílmico de mentalidad oriental que básicamente no quería hacer caso a las aportaciones de su cliente y productora occidental. Por otro lado, el director indio logró lo que a él le parecía apropiado para la filmación, con la actitud de que él era más capaz.

Además, el desafío también tenía que ver con asuntos primordiales de género: los hombres de esa cultura haciendo caso omiso de una mujer, aunque era su jefe. La cultura y la comunicación funcionaban mano a mano en las calles de Calcuta, y por consecuencia, se perdió tiempo, dinero y cinta de vídeo sin lograr el resultado deseado.

Cuando filmamos, respetar la cultura también quiere decir comprender las enormes diferencias que nos separan, tanto a nivel personal como a nivel de nuestras producciones. Es importante, más bien necesario y crucial, que nos acomodemos a la cultura local que nos rodea en el momento, mientras estemos trabajando allí.

¿No puedes comprender como trabajan los tailandeses? ¿Ni por qué los argentinos no cenan hasta las diez de la noche? ¿Ni por qué la eficiencia es tan importante para los alemanes? Mi sugerencia es que busques y contrates a una persona local que, en primer lugar, entienda tus metas, objetivos y manera de producir y que también comprenda la cultura y la mentalidad local, los idiomas, las costumbres y las condiciones.

Escucha, pregunta y trata de entender su punto de vista...luego hay que llegar a un acuerdo cultural que satisfaga a todos.

Eres un invitado en el país de otro. Pórtate como tal.

•

TÁCTICAS CULTURALES DE LOS PROFESIONALES

–Las caras de diversas culturas hacen impacto en la audiencia. Mucho más que una toma amplia de la locación. Fílmalas a 60 FPS (marcos por segundo) para un efecto mayor.

- Steve Taylor, Digital Espátula

–Muestra el color local. En viajes al extranjero, muestra el contexto cultural al filmar mercados, edificios prominentes, el tráfico, la gente caminando, mezquitas, iglesias, etc. En el proceso, trata de incluir los sonidos de la música, la gente hablando, los vehículos, etc.

- Stan Jeter, CBN News

–Si vas a filmar fuera de tu país, ten presente lo siguiente: Siempre recuerda que eres un huésped, es decir, no esperes que todos hagan las cosas como se hacen en tu país. Si hay oportunidad, aprende el idioma. Por lo menos trata de usar cuantas frases puedas aprender. Aunque luches y pronuncies mal, las personas apreciarán que los respetas lo suficiente para hacer el esfuerzo.

–He descubierto en los últimos cuarenta años en el negocio de películas y vídeos, que la mayoría de las quejas que se hacen al estar en el extranjero son resultado de exigir que los de otros países se comporten como uno y hablen el idioma de uno. Un poco de tolerancia y mucha planificación ayudará mucho a completar un proyecto con la menor frustración posible.

- Charley Buchanan, camarógrafo

CAPÍTULO 15 REPASO: CULTURA

1. Anda con cuidado, lleva una cámara pequeña y espera el momento oportuno.
2. Viajar es un gran maestro, uno de los mejores.
3. Toma el tiempo necesario. No te preocupes por cada detalle.
4. Aprende a decir *gracias* en el idioma local.
5. Evita los temas de política y sexo. Punto.
6. Empieza con la amistad primero, y espera que los resultados deseados vengan después.
7. Deja atrás las malas actitudes, los prejuicios y las ideas preconcebidas. Trata de ser un buen viajero.
8. Eres un invitado en el país de otro. Pórtate como tal.

CAPÍTULO 16: TABÚES

Lo Bueno y Lo Malo

•

–Engáñame una vez, y tu tienes la culpa.
Engáñame dos veces, y yo tengo la culpa.
- *Antiguo dicho sabio*

Lo que sigue es una lista básica de lo que siempre se debe hacer:

Promete solo lo que tienes la certidumbre de cumplir. Tu palabra vale mucho.

Llegar tarde a una filmación, un vuelo o una cita programada puede darle fin a tu contrato.

Hablar por celular, mientras se prepara para la filmación, o sesenta segundos antes de salir al aire, resultará en tu despedida y tu eliminación para siempre de futuros proyectos.

Apaga el celular. Vuelve las llamadas durante los recesos.

Nunca robes el cliente de otro, ni le des a ese cliente tu tarjeta comercial.

Si alguien te llama, invitándote a trabajar en una filmación o proyecto de un cliente de la persona que te ha contratado a ti, siempre debes pedirle que se ponga en contacto primero con el contratista que te contrató. Es algo que se conoce como la integridad.

Nunca entregues trabajo o proyectos para ser premiados en una competencia, si no fue tu trabajo o si solo tuviste una parte pequeña de apoyo en la producción del mismo.

Comparte los créditos. Alaba los logros de otras personas en vez de los tuyos.

Paga a tiempo a tu gente y a los vendedores. Si tu cliente no te ha pagado todavía, o los fondos esperados no han llegado, avisa a los demás. Mantener a todos informados marca una gran diferencia.

Drogas. Nunca.

Sexo. ¿Qué crees? Nunca.

Alcohol. Tampoco. Toma en cuenta las consecuencias, el lugar, los compañeros y tu bienestar.

Fiesta al final. No te quedes muy tarde. Vuelve a tu casa o al hotel. Recuerda que casi nada bueno ocurre después de la medianoche.

No acuses a otros cuando la culpa realmente es tuya. Admite tus propios errores.

Chismes y rumores son como fósforos en la hierba seca. Cuando empiezan, corren de manera veloz.

El "jet lag" (cansancio por el cambio de la hora al viajar) te puede convertir en un zombi andante. No seas insolente. Hay que descansar, aclimatarse, hacer ajustes.

Los brazos, las piernas (y la cabeza) deben taparse al entrar en iglesias y templos. Es un detalle de respeto.

Nunca se debe gritarle a un agente en el aeropuerto, un empleado de aerolíneas, un oficial de aduana o uno que revisa pasaportes. Tienen el poder de hacerte esperar y sufrir.

No se debe llamar a los superiores de uno por su primer nombre. Hasta que se conozca bien la política o se haya llegado a una amistad más íntima, deben usarse solo los apellidos.

Hay que asegurar que la gente te pueda encontrar o llamar en cualquier momento.

En cuanto a la manera de vestirse, bañarse y lavarse: la apariencia y los olores deben ser siempre agradables. Uno se debe bañar a menudo y usar ropa limpia siempre. Eso se da por sentado.

Cuidado con tu comportamiento, porque lo que haces puede convertirse en un crimen, sin querer, y puede afectar a otros también.

Evita un ambiente laboral hostil. No amenaces, no degrades y no seas violento con nadie.

El hostigamiento sexual y la obscenidad. Aléjate lo más pronto posible de tal comportamiento.

Escoge sabiamente el vocabulario que vas a usar. Esto incluye los chistes, las palabras groseras y los comentarios racistas y vulgares.

Manipulación, mezquindad y un aire de superioridad son rasgos despreciables.

Controla tu mal genio.

No tropieces contra las luces ni derribes la cámara.

No mientes en tus facturas, recibos, informes de horas de trabajo y gastos.

Deja atrás la negatividad, la crítica, el sarcasmo y todo lo tóxico.

No hables siempre de ti mismo y de tus habilidades a todos y cualquiera que te escuche. Tu trabajo hablará por sí mismo, y los talentos que tengas serán evidentes y reconocidos con el tiempo.

Tener un buen sentido de humor alivia el ambiente, pero la falta de seriedad lo puede destruir.

La confiabilidad y la integridad son virtudes excelentes. Hazlas tuyas.

Trabaja arduamente. Sé positivo, agradable y amable. La gente, a todo nivel, querrá trabajar contigo, una y otra vez.

Aprende y destácate en tu profesión. Tu talento y tu dedicación pagarán dividendos.

•

PRECAUCIÓN: CUANDO LAS COSAS VAN DE MAL EN PEOR

El mal comportamiento del cliente, del productor o del equipo, durante una filmación, se toleraba hace años, pero ahora puede costarle al productor bastante tiempo, dinero y vergüenza, sin hablar de visitas al abogado, la cárcel, la corte suprema o el depósito de cadáveres.

Trabajé una vez con los directores de un programa que había recibido cuatro demandas por hostilidad en el lugar de empleo, todas al mismo tiempo. Uno de los productores ejecutivos constantemente tenía que presentarse en la corte por asuntos legales.

Una serie televisiva que yo conocía descubrió demasiado tarde en el proceso de producción que el director artístico tenía un problema serio con la droga. Ya que faltaban solo unos días para lanzar el show, y era la "hora del pánico", prohibieron que el director artístico trabajara en la oficina, pero contrataron a varios mensajeros que le llevaban documentos y accesorios a su casa. El staff completó la serie de programas, con bastante dificultad, pero el director artístico fue despedido poco después.

Un miembro del equipo de una serie televisiva se emborrachó en un bar durante la filmación en el extranjero, y golpeó a otro cliente. Al otro día fue despedido, le dieron su boleto de avión, lo llevaron al aeropuerto y lo mandaron a casa.

Una vez tomé el lugar de otro productor de una serie televisiva, quien había sido despedido por conflictos en el ambiente laboral con su coordinador de producción. Sin embargo, los directores del show seguían buscando maneras de contratarlo por su cuenta (freelance) porque era una persona "tan talentosa".

Una muy conocida compañía de producción contrató a un nuevo productor para supervisar una de sus series populares de televisión. Después de varias semanas, se dieron cuenta de que no se estaba haciendo nada en cuanto a contratar y asignar proyectos. Luego descubrieron que el productor estaba pasando el día en la oficina escribiendo un guión para otro cliente. Fue despedido.

Un respetado camarógrafo y colega estaba conmigo en una filmación en África oriental. Fue la primera vez que trabajábamos juntos. Lo que la agencia no me dijo fue que de vez en cuando tenía la costumbre de emborracharse demasiado. Primero en una ciudad capitalina de África, y luego en otra de Europa, empezó a tomar y llegó al punto de emborracharse durante las cenas. Al final, durante el largo vuelo transatlántico rumbo a casa, las cosas iban de mal en peor. Se emborrachó en el avión y se puso agresivo. Por fin, cuando se desmayó, yo me levanté y me dirigí hasta el fondo del avión para pedirles a las aeromozas que ya no le sirvieran alcohol. Gracias a Dios, nunca más tuvimos que trabajar juntos.

Un camarógrafo que era colega (y traía mi cámara), trató de posponer un encuentro conmigo en el extranjero donde teníamos una filmación confirmada y programada, porque el podía ganarse un poco más si se quedaba en Europa dos días adicionales, trabajando en otro proyecto. Me rogaba que por favor le dejara llegar tarde al proyecto en África. Le dije que no, que teníamos un compromiso que cumplir.

Un talentoso camarógrafo, que yo conocía bien, consiguió el número de teléfono de mi cliente y logró contratarse, independientemente de mi compañía, para varios proyectos en el extranjero, y finalmente me robó el cliente.

Hubo un camarógrafo a quien no le gustaba el equipo de cámaras que teníamos, y empezó, calladamente, a convencer a nuestro cliente que debíamos usar otro equipo fílmico: el suyo. Más ingreso para él.

Un director premiado de comedia televisiva estaba trabajando en una serie de infocomerciales, para los cuales yo manejaba las cámaras. El expresó al cliente que le parecía que la próxima vez los productores debían contratar un "mejor"equipo de camarógrafos. Efectivamente, la próxima vez, nuestro excelente equipo fílmico fue reemplazado por un grupo mucho más costoso de camarógrafos, todos amigos del director. Éstos se habían quejado de que no estaban consiguiendo suficiente trabajo. La calidad y el alto costo de su trabajo no importaban, solo que tenían conexiones con el jefe.

Un par de editores con quienes yo trabajaba bastante, y quienes perdieron muchísimos futuros contratos conmigo después, empezaron a clandestinamente hacer filmaciones y proyectos para mi cliente principal, sin mi conocimiento.

Hubo una editora que daba de mamar a su bebé durante la sesión de edición (con el cliente presente), en vez de ofrecernos a todos un recreo de quince minutos, para poder atender a su bebé. Incómodo y torpe. Y una falta de profesionalismo.

Mientras editábamos un proyecto en una reconocida sala de edición, un día sábado, el que manejaba las cintas, hablaba por teléfono en voz alta, en el fondo del lugar, con su corredor de apuestas, comunicándole sus apuestas para los partidos de fútbol que se jugarían ese día.

Supe de un grupo que en su celebración final fueron tan ruidosos, desagradables y borrachos que el Hotel Hyatt les tuvo que correr a las tres de la madrugada, debido a las muchas quejas de parte de los otros huéspedes. "De mal en peor" tiene que ver, vez tras vez, tanto con el comportamiento personal como con la ética profesional... o la falta de los dos.

Haz siempre lo correcto, lo honrado, llega a tiempo, haz tu trabajo bien, portándote bien y evitando los vicios peligrosos (el sexo, la ira, la droga, el alcohol, el maldecir y el robo). Sé fiel a tus compromisos y acuerdos, y nunca le quites un cliente a otra persona, y todo te irá bien.

•

TÁCTICAS DE LOS PROFESIONALES SOBRE LOS TABÚES

–¡NUNCA le digas a un director o al director de fotografía que una toma es IMPOSIBLE! Al contrario, trata de conseguir la toma de una manera un poquito diferente para que funcione, y si no les gusta eso, trata de llegar a un acuerdo mutuo.

- Michael J. Denton, camarógrafo

–Nunca dejes tus cintas master en la cajuela de un carro alquilado...para luego recordar, al despegar el avión, donde se quedaron. Nunca me ha pasado, solo estoy advirtiendo...

- Paul Louis Cole, Compás Directo

–Un consejo: no pierdas el control en frente de tu equipo y el talento. Al contrario de lo que muchos creen, un director furioso que despotrica NO inspira confianza en sus colaboradores creativos, ni tampoco les ayuda a producir el mejor trabajo creativo.

- Saqib Siddik, cineasta

–No quiero ver niños, animales o fuego en el set.

- Jon D. Smith, productor

–Solo debes hacer las producciones que no pagan hasta el final, si son con personas con quienes realmente quieres trabajar, o si apoyan una causa importante, o si podrás viajar a un lugar exótico, o trabajar con una pieza de equipo o una técnica que te fascina. NO lo hagas con la expectativa de un pago futuro. Hazlo por una razón que sea importante para ti AHORA MISMO.

- Steven Bradford, Seattle Film Institute

En Resumen

•

Espero que un nuevo concepto, una sugerencia práctica, una idea creativa o un buen consejo que hayas aprendido en *Tácticas de Comando* te ayudará a estar mejor preparado para tu próximo cortometraje, proyecto de televisión, documental o filmación digital. En el trayecto hemos descubierto unos maravillosos principios memorables:

Un director confiado y tranquilo, que sabe exactamente lo que quiere y que ha comunicado su visión debidamente, debe ser la persona más calmada en cualquier proyecto.

¿Dónde está la luz?

Cada movimiento de la cámara debe tener una razón.

El tiempo es o tu mejor amigo o tu peor enemigo.

Cuéntame Una Historia.

Si les cuentas una historia cautivante, se quedarán a verla.

¿De qué se trata su historia? ¿De qué se trata, en realidad, la historia?

Si no comunicas, te quedarás con un tiburón muerto.

Los hechos llegan a la cabeza, pero las emociones llegan directo al corazón.

Una meta sin un plan es solo un deseo.

Organízate.

¿No hay guión? ¿El guión se va cambiando? Crea una lista de tomas.

Las mejores preguntas muchas veces vienen de la pregunta previa.

Adapta. Supera. Improvisa.

Bien hecho. Rápido. O barato. Elige dos.

No importa el tamaño de tu proyecto, hay que crear un presupuesto.

Conoce tus herramientas.

Las decisiones correctas en el campo te servirán a ti y a tu proyecto.

No alcanza el tiempo para hacerlo bien, pero sobra para hacerlo mal.

Utilizar a gente talentosa no se debe considerar un lujo o algo raro, sino un requisito primordial.

MUÉSTRAME muy a menudo. CUÉNTAME de vez en cuando.

Si metes basura, saldrá basura. Lo mismo se aplica al audio.

Cambios son inevitables. Anticípalos.

Explicaciones son buenas, pero la imaginación es lo que le da chispa al fuego.

¡Estar bien preparado reduce la ansiedad!

Escoge la mejor persona, aunque cueste un poco más, para estar frente a la cámara.

Así que, ¿trajiste el lente Spinelli?

Si pones en práctica por lo menos una o dos de las tácticas de este libro en un futuro cercano, quiere decir que juntos hemos logrado éxito en este esfuerzo.

¡Feliz filmación!

CRAIG D. FORREST

Durante una carrera profesional de 30 años, sus proyectos de televisión, película, vídeo y documentales han llevado a Craig a 144 países en seis continentes, y el ha hecho mas de catorce giras alrededor del mundo. Casi 200 proyectos en el extranjero lo han envuelto en situaciones peligrosas en Iraq, Cuba, Burundi, el Congo, El Salvador, Palestina, Camboya, Vietnam, Uganda, Haití, Birmania, Marruecos, Chad, Irlanda del Norte, Bosnia y Kosovo.

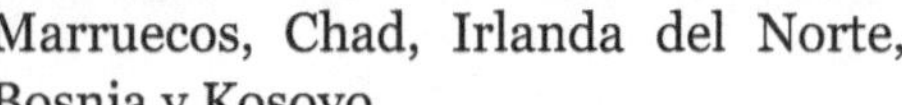

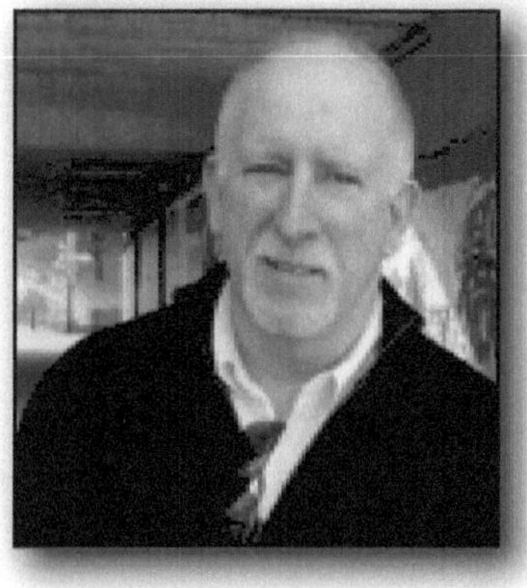

Su trabajo ha ganado 29 premios, los cuales incluyen un *Águila de Oro del Cine*, ademas de múltiples trofeos *Telly*, *Aurora*, *Videógrafo*, *Aegis* y *Comunicador*.

Sus habilidades incluyen cinematografía digital, segmentos y shows para televisión, documentales, producciones tanto con una cámara como con múltiples cámaras. Unos de sus clientes mas notables han sido *CBS*, *ABC*, *Discovery Channel*, *HBO*, *Travel Channel*, *UPN*, *Animal Planet*, *PBS*, *Univision*, *Fox Sports*, *A&E*, *Virgin Music*, *TLC*, *AMC*, *Billy Graham*, *Visión Mundial*, *Far East Broadcasting*, *One Hope*, *Hyatt Hotels*, *DuPont*, *Toshiba*, *Memorex*, *Nestlé*, *Wells Fargo* y *McDonald's*.

Craig recibió su *Maestría* en Estudios Fílmicos del *Conservatorio de Películas* de *Chapman University*, y su Licenciatura en Estudios Bíblicos y Teología de *Bethany University*. Es un miembro votante de la *Academy of Televisión Arts & Sciences* (Emmys), y también tiene membresía en el prestigioso *Travelers' Century Club* (por visitar más de 100 países) y el *International Press Association*.

En los últimos años, Craig ha dictado clases como profesor asociado de Producción de Medios en *Pepperdine University*, Malibu, California, USA.

www.ingramcontent.com/pod-product-compliance
Lightning Source LLC
Chambersburg PA
CBHW030917180526
45163CB00002B/367

* 9 7 8 0 6 1 5 5 0 2 8 9 2 *